Giorgio Napolitano

Il patto che ci lega

Per una coscienza repubblicana

Società editrice il Mulino

ISBN 978-88-15-13433-2

Indice

Introduzione

Parole per la Repubblica

Di tutte le istituzioni della Repubblica la figura del Capo dello Stato è tra le più complesse e le meno chiaramente definibili. Innanzitutto è l'unica figura monocratica e personale del nostro sistema politico. Oggi, ciò può non essere immediatamente rilevato, a causa della fortissima personalizzazione del ruolo del Presidente del Consiglio, fenomeno peraltro relativamente recente in senso proprio, perché risale alla torsione del sistema in direzione bipolare per cui le urne di fatto tendono a esprimere il vertice dell'esecutivo (prima la personalizzazione era legata all'eventuale statura di chi ricopriva la funzione, non alla funzione in quanto tale), e soprattutto non, almeno al momento, ratificato nella Carta costituzionale.

Così non è per il Presidente della Repubblica, che la nostra Costituzione pone, come del resto è ovvio, in una situazione personale e in una posizione fortemente simbolica: nessuna magistratura ha una durata così lunga, per nessuna è di fatto, seppur non di diritto, presupposta la non replicabilità del mandato, nessuna gode di altrettanta solitudine negli oneri e negli onori.

La complessità di questo ruolo è emersa lentamente nel tempo. Nei dibattiti alla Costituente il Presidente della Repubblica era parso, a un eminente giurista della vecchia gloriosa scuola come Vittorio Emanuele Orlando, una figura pallida, persino nelle mani dell'esecutivo, e Togliatti gli aveva ribattuto con garbo che era inutile che in una Costituzione repubblicana cercasse dove era la figura del "re". Eppure la questione non stava affatto in questi termini e lo si è visto con chiarezza proprio negli ultimi decenni di questa lunga e tormentata transizione verso la reinterpretazione e il rinnovamento del patto repubblicano.

Credo che non si coglierebbero pienamente i valori che intessono e strutturano gli interventi del Presidente Napolitano che sono qui raccolti se non li si inserisse in una riflessione su questo contesto. Sin dalla scelta del titolo, che ripropone la chiusura del discorso al Parlamento per il 60° anniversario della Costituzione, si avverte, con la sobrietà istituzionale che contraddistingue questa fase della suprema magistratura, l'eco di due temi di fondo che continuamente ritornano in questi discorsi: il richiamo al «patto che ci lega», che non è puramente e semplicemente la lettera della Carta costituzionale, la cui importanza viene, naturalmente sempre sottolineata, ma è la capacità di rinnovare questo legame facendolo rivivere nell'adesione alla storia che ci coinvolge tutti; la consapevolezza in secondo luogo che la Repubblica ha bisogno di un discorso politico pubblico che la sorregga.

L'uso del termine "Repubblica" non è in Italia pregnante come è in Francia *République*, che è un vero strumento di identificazione nazionale, per cui il termine "Stato" ha perso in quel paese di smalto identificativo. La "Repubblica" è, come ci dice l'etimologia, la "cosa pubblica", la consapevolezza che alla base del nostro essere un corpo politico non c'è la dimensione della sovranità sui cittadini che si esprime in una istituzione (lo Stato), ma che al contrario esiste uno spazio e un patrimonio di tutti che, strutturato dalla volontà comune, si dà una forma istituzionale in modo da far sentire la "sovranità", pur necessaria, una "cosa pubblica" (e infatti la nostra Carta recita all'Articolo 1 che «la sovranità appartiene al popolo»).

In tempi di grandi mutamenti storici, che chiamiamo non impropriamente "crisi" riferendoci alla sua etimologia greca che significa "giudizio" di fronte a eventi i quali ci sfidano a comprenderli e interpretarli, il rinnovamento del patto costituzionale che fa vivere un popolo ha più che mai bisogno di un discorso pubblico, sarei tentato di scrivere di una retorica politica se la parola "retorica" non avesse assunto quel significato negativo e svalutativo del discorso che in origine le era estraneo.

È rimasto, anzi si è rafforzato in questo contesto, il dovere che incombe sul Presidente di svolgere il suo ruolo non di arbitrato, ma di snodo fra le istituzioni repubblicane, a tutela dell'unitarietà di indirizzi, che, pur nella differenza dei compiti specifici, deve presiedere alla vita del nostro sistema. Questo ruolo, che ho chiamato di snodo, presuppone appunto tanto l'imparzialità della funzione quanto la necessità di renderla visibile e di, per così dire, renderla esplicita alla comunità nazionale: qualcosa che, se posso notarlo, il Presidente Napolitano ha posto ogni cura nel valorizzare (e il lettore lo vedrà da sé come uno dei più importanti fili che legano i discorsi qui pubblicati), ma che mi sembra sia stato poco notato e ancor meno valorizzato nei commenti dei mezzi di comunicazione sociale, sicché si è persa una importante risorsa per la costruzione nell'opinione pubblica di un forte spirito repubblicano.

La magistratura della Presidenza della Repubblica si è così trovata a essere gravata di un compito particolare che ha messo in luce un significato e una complessità del ruolo che erano impliciti nel disegno della nostra Costituzione, ma che non avevano trovato le occasioni per essere utilizzati.

Il compito di gestire da un lato la memoria delle regole, se mi si concede questa espressione, nell'intrecciarsi del lavoro dei vari organismi politici e istituzionali, e dall'altro di gestire la presenza pubblica dello Stato nella sua unitarietà, rappresentata appunto dalla figura monocratica e dal servizio costante per un significativo periodo di tempo, sono funzioni che la

Presidenza della Repubblica ha assolto, ovviamente nella varietà di interpretazioni legate alle singole personalità, dal 1948 sino a oggi. Ciò che si è aggiunto è, a mio modesto parere, il concentrarsi sul Capo dello Stato del dovere di rappresentare quelle funzioni in contingenze che non erano più quelle del sostanziale «consenso politico» che si esprimeva nella forma di stabilizzazione della prima fase repubblicana.

Non ci si può nascondere che a un certo punto sono venute meno o sono entrate in crisi profonda alcune colonne portanti dell'ordinamento repubblicano: i partiti tradizionali come espressioni delle subculture politico-sociali del paese che acculturavano i loro "popoli" alla politica e li facevano confluire attraverso di essi nel popolo italiano; quelle agenzie di formazione che erano la scuola basata su una tipologia di cultura nazionale largamente condivisa, le chiese che, al di là dell'aspetto religioso, governavano di fatto la formazione di una comune etica diffusa; persino molte di quelle forme di sociabilità comunitaria che erano i luoghi della vita associata. Senza indulgere agli stereotipi sull'incremento della solitudine degli individui, della massificazione consumistica, della televisione frigorifero del cervello, riconosciamo però una trasformazione culturale e sociale che ha fatto emergere un vuoto per quanto riguarda ciò che mi permetto di chiamare la "pedagogia della cittadinanza".

È di questa situazione che si sono fatti carico specialmente i due ultimi Presidenti della Repubblica, ciascuno con la propria sensibilità, ma entrambi consapevoli di una domanda che arriva dal profondo del paese, anche se si tratta di una domanda che fa fatica ad articolarsi e non sempre riesce a godere delle risposte che pure ha in qualche maniera sollecitato.

Per comprendere quanto il Presidente Napolitano fosse pienamente cosciente del compito che lo attendeva, basta leggere il messaggio e giuramento davanti alle Camere che pronunciò al suo insediamento il 15 maggio 2006. Non solo egli esordiva ricordando la sua emozione nel parlare in un'aula «nella quale ho speso tanta parte del mio impegno pubblico, apprendendo dal vivo il senso e il valore delle istituzioni rappresentative, supremo fondamento della democrazia repubblicana», ma affrontava subito di petto il tema dello svolgimento di un ruolo che iniziava con una nuova legislatura «aperta nel segno di un forte travaglio», in condizioni in cui «più chiara appare l'esigenza di una seria riflessione sul modo di intendere e coltivare in un sistema politico bipolare i rapporti fra maggioranza e opposizione».

Era questo che lo portava ad affermare subito che «è venuto il tempo della maturità per la democrazia dell'alternanza anche in Italia», ma che per realizzarsi aveva bisogno non solo di «forze politiche organizzate e delle loro rappresentanze nelle istituzioni rappresentative, sorrette cioè dal dinamismo della società civile», ma che richiedeva soprattutto di rifuggire «da esasperazioni e immeschinimenti che ne indeboliscono fatalmente la forza di attrazione e persuasione», per esprimere invece «moralità e cultura, arricchendosi di nuove motivazioni ideali».

Essenziale da questo punto di vista era per il Presidente Napolitano «costruire basi comuni di memoria e identità condivisa», ricomponendo «in spirito di verità la storia della nostra Repubblica, nata sessant'anni fa come culmine della tormentata esperienza dello Stato unitario e, prima ancora, del processo risorgimentale». Come il lettore vedrà da sé, il Presidente ha posto, nel corso di questa prima metà di mandato, una grande attenzione a sottolineare l'importanza di questa ricostruzione di una storia e di una identità condivise, in un ideale percorso che attraverso le tappe significative di ricorrenze che era chiamato a celebrare (Cefalonia, la Liberazione, El Alamein, il 4 novembre) gli permetteva di presentare la trama di una storia di cui essere orgogliosi, pur senza nasconderne ombre e ambiguità.

Vale la pena di sottolineare la ricchezza e l'impegno di questo primo messaggio al paese. Il Presidente non si ritraeva dal menzionare esplicitamente i nodi che si trovava davanti: la ripresa delle preoccupazioni, già emerse in Assemblea Costituente, di «tutelare le esigenze di stabilità dell'azione di governo e di evitare le degenerazioni del parlamentarismo»; l'esigenza di puntare sull'Europa «per noi italiani una seconda patria», invitando a non essere «né meschinamente realisti, né astrattamente utopisti»; la necessità di non fermarsi per «i fenomeni di disincanto e di incertezza indotti nelle opinioni pubbliche da un serio rallentamento della crescita dell'economia e del benessere, da un palese affanno nel far fronte sia alle sfide della competizione globale e del cambiamento di pesi e di equilibri nella realtà mondiale, sia alle stesse prove dell'allargamento dell'Unione».

Questa lucidità nell'indicare alla riflessione pubblica i nodi che vanno affrontati rimane una costante nella pedagogia pubblica che il Presidente Napolitano ha sviluppato. Per questo rileggere il messaggio e giuramento che ha aperto la sua "fatica" (credo che questo termine sia più che appropriato) è molto interessante, perché segna una sorta di agenda alla quale il Presidente si è mantenuto fedele. Troviamo infatti un puntuale elenco dei temi che torneranno nei grandi discorsi che seguono: la preoccupazione per una situazione internazionale ricca di aree di crisi; la seria presa in considerazione, pur senza pessimismi di maniera, delle condizioni del nostro sistema economico; la situazione seria in cui versa il nostro Mezzogiorno; il problema della criminalità, come quelli «della legalità e della moralità collettiva» che «si presentano ancora aperti in modi inquietanti»; le «troppe tensioni [che] circondano ancora i rapporti tra politica e giustizia».

Questa situazione veniva letta con un realismo tranquillo, perché Napolitano esprimeva fiducia nelle «risorse di un ricco tessuto civile e culturale, da cui si sprigiona un potenziale prezioso di sussidiarietà». Perciò veniva spontaneo il suo appello: «C'è bisogno di più giustizia e coesione sociale». Era un appello, come avrebbe detto in un altro passaggio a «quell'Italia profonda, l'Italia delle cento province, l'Italia della fatica quotidiana e della volontà di progredire».

Anche alla luce di quanto sarebbe accaduto nei tribolati tre anni e mezzo che sarebbero seguiti, non si può leggere con superficialità il solenne impegno che prendeva il Presidente: «Considero mio dovere impegnarmi per favorire più pacati confronti tra le forze politiche e più ampie, costruttive convergenze nel paese; ma è un impegno che svolgerò con la necessaria sobrietà e nel rigoroso rispetto dei limiti che segnano il ruolo e i poteri del Presidente della Repubblica nella Costituzione vigente. Un ruolo di garanzia dei valori e degli equilibri costituzionali; un ruolo di moderazione e persuasione morale, che ha per presupposto il senso e il dovere dell'imparzialità nell'esercizio di tutte le funzioni attribuite al Presidente».

L'osservatore della nostra vita politica non può fare a meno di registrare quanto pesante sarebbe divenuto questo impegno in presenza di una politica rissosa in cui i contendenti correvano in maniera strumentale, come si usa dire popolarmente, a tirare per la giacchetta il Presidente per chiedergli di adempiere a funzioni che erano di volta in volta interesse di questa o quella fazione, ma che non rientravano nei compiti che la Costituzione affida al Capo dello Stato.

Il ruolo di «moderazione e persuasione morale» Giorgio Napolitano lo avrebbe esercitato in più di un campo. Quello della costruzione di una memoria nazionale condivisa, a cui come abbiamo visto aveva fatto cenno sin dall'inizio e verso cui lo portava certo la lunga storia della sua presenza nell'agone pubblico, lo avrebbe occupato con intensità.

Fin dal suo discorso a Cefalonia il 25 aprile 2007, affermando subito che quella della Liberazione «è la festa di tutti gli italiani», si premurava di recuperare un'immagine a tutto tondo dell'impegno nazionale per il superamento della fase del fascismo, non solo per un dovere di seria riflessione sulla nostra storia, ma per trarre da essa insegnamenti per il presente. E infatti, a conclusione del suo discorso affermava che «è combinando in una visione più ampia tutti gli aspetti, civili e militari, della nostra presenza in difficili e impegnative aree di crisi, ed è rinnovando una solidarietà profonda tra popolo, forze armate e istituzioni democratiche, che noi possiamo raccogliere nel modo più degno l'eredità di dedizione e sacrificio degli uomini della Divisione Acqui e onorare la memoria dei tanti di loro che caddero difendendo la dignità della nazione italiana».

Questa profonda attenzione alla dimensione della nostra presenza internazionale nelle missioni di pace, che hanno comportato anche gravi tributi di sangue, è indubbiamente un'altra costante della pedagogia del Presidente verso la nazione: sarebbe per esempio tornato a ricordare, nel discorso del Giorno della Memoria del 9 maggio 2009, «gli italiani, militari e civili, caduti nelle missioni che hanno visto il nostro paese impegnato, in diverse aree di crisi, a sostegno della pace e contro il terrorismo internazionale». Così sarebbe stato anche nel discorso pronunciato per la commemorazione dei caduti di El Alamein (25 ottobre 2008) quando, ricordato che «All'affermazione di valori di pace e di giustizia fuori dei confini dell'Europa, i nostri paesi sono impegnati oggi a contribuire partecipando alle missioni internazionali di gestione delle crisi», aveva sottolineato la propria convinzione che «nella partecipazione dei nostri soldati a quelle missioni si esprima quella stessa carica di lealtà, di coraggio e di umanità che contraddistinse tutti i nostri corpi e reparti a El Alamein».

Il centro del suo sforzo su questo terreno rimaneva comunque quello di «alimentare una coscienza storica comune», come ebbe a dire a Genova il 25 aprile 2008, ricordando ancora una volta il carattere composito della Resistenza, fatta di formazioni partigiane, del concorso dei militari, di quello degli internati in Germania. Mostrando una volta di più la sua capacità di non sfuggire ai temi più spinosi, il Presidente, mentre invitava a «rappresentare la Resistenza nella sua interezza, nell'insieme delle sue componenti, nella ricchezza delle adesioni e partecipazioni che ne garantirono il successo», non celava la consapevolezza delle polemiche che avevano avvelenato al proposito l'opinione pubblica: affermando che quella ricchezza «sono fatti, non retorica, non mito», ricordava che «in realtà c'è stato solo un mito privo di fondamento storico reale e usato in modo fuorviante e nefasto: quello della cosiddetta "Resistenza tradita", che è servito ad avvalorare posizioni ideologiche e strategie pseudorivoluzionarie di rifiuto e rottura dell'ordine democratico-costituzionale scaturito proprio dai valori e dall'impulso della Resistenza».

A ribadire che non c'era alcuna volontà di evadere da una seria consapevolezza storica, Giorgio Napolitano non si sottraeva dal riconoscere, citando esplicitamente lo storico Claudio Pavone, che accanto alla guerra patriottica c'era stata una guerra civile, e che «le ombre della Resistenza non vanno occultate, ma guai a indulgere a false equiparazioni e banali generalizzazioni».

Un uomo della generazione e della storia del Presidente Napolitano, passato con dolore e in posizione di responsabilità lungo i terribili anni di piombo («anni tra i più angosciosi della nostra storia», come avrebbe detto il 9 maggio 2008), sapeva bene, pronunciando quelle parole, cosa aveva significato in quel frangente una lettura distorta e una ricostruzione del tutto immaginaria della fase di costruzione della nostra Repubblica. Celebrando il Giorno della Memoria per le vittime del terrorismo nel 2008, ricordava che «nel periodo da noi complessivamente considerato si sono incrociate per qualche tempo diverse trame eversive, da un lato di destra neofascista e di impronta reazionaria, con connivenze anche in seno ad apparati dello Stato, dall'altro lato di sinistra estremista e rivoluzionaria». Spiegava così perché era stato scelto Aldo Moro, perché «i terroristi individuarono [in lui] il nemico più consapevole, che aveva più di chiunque colto – nel '68 – quel che si muoveva e premeva nella società, la crisi dei vecchi equilibri politici, il travaglio e la domanda di rinnovamento delle nuove generazioni e quindi – nel maggio '77 – aveva lanciato l'estremo allarme».

Il peso storico di quella stagione sarebbe stato oggetto di una riflessione certo non di routine nel Giorno della Memoria dell'anno successivo, quando il Presidente affrontava di petto il tema della stagione delle stragi, compresa «una lunga e tormentatissima vicenda di indagini e di processi, da cui non si è riusciti a far scaturire un'esauriente verità giudiziaria».

Nelle cronache l'intensità di quella giornata era balzata evidente con la contemporanea presenza, voluta dal Capo dello Stato, delle vedove di Giuseppe Pinelli e di Luigi Calabresi, simbolo della complessità e della durezza di quella vicenda, icone di un «paese tragico», per usare le parole stesse pronunciate, riprendendole da Norberto Bobbio, da Napolitano l'anno precedente. Con questo, rimarcò il Presidente, «si compie un gesto politico e istituzionale, si rompe il silenzio su una ferita non separabile da quella dei 17 che persero la vita a Piazza Fontana».

Anche questa volta il Presidente aveva esordito col «ricordo degli italiani, militari e civili, caduti nelle missioni che hanno visto il nostro paese impegnato, in diverse aree di crisi, a sostegno della pace e contro il terrorismo internazionale». A sottolineare quanto per la stagione del terrorismo di casa nostra si trattasse di una storia dolorosa, veniva richiamata proprio l'incompiutezza nel cammino della verità: «Il nostro Stato democratico, proprio perché è sempre rimasto uno Stato democratico e in esso abbiamo sempre vissuto, non in un fantomatico "doppio Stato", porta su di sé questo peso».

Di qui un'esortazione forte a «Guardare avanti ma senza – lo ripeto – mai dimenticare o rimuovere quel che è accaduto», poiché bisogna essere coscienti che «gli impulsi alla predicazione ideologica estremista e all'azione violenta potrebbero essere alimentati strumentalizzando nuove tensioni sociali in un eventuale contesto di difficoltà economiche acute».

Nella costante connessione fra una lettura responsabile della nostra storia e una vigile partecipazione ai tormenti di una fase certo non facile come quella che stiamo vivendo si coglie indubbiamente una cifra forte della pedagogia pubblica del Presidente Napolitano.

Un esempio assai evidente lo si può trovare nel discorso a Vittorio Veneto il 4 novembre 2008, a celebrazione del novantesimo della conclusione della Prima guerra mondiale. È da notare come il Presidente espliciti sempre la propria consapevolezza di quanto sia delicato il ruolo di commentatore delle ricorrenze che incombe sulla sua carica. Parlando della celebrazione della Prima guerra mondiale chiariva subito che «Ricordare e valorizzare tutto questo non ha nulla a che vedere con esaltazioni retoriche, di stampo nazionalistico e militaristico, che qualcuno sembra temere», aggiungendo anche che «da parte delle istituzioni non si vuole oggi – non si può volere – l'attribuzione del crisma dell'ufficialità a qualsivoglia interpretazione storica».

Senza «nemmeno per un momento dimenticare o tacere errori fatali, responsabilità politiche e militari» e senza «nemmeno per un momento edulcorare le atrocità della guerra», andavano però riconosciuti i frutti di quella prova: «l'esser parte – tutti – di una collettività nazionale, il riconoscersi nel valore dell'unità nazionale». Un tema come questo sarebbe tornato a imporsi in fasi seguenti a questo discorso e su di esso il Presidente sarebbe tornato con tutta la forza necessaria, non solo per il suo ruolo istituzionale, ma per la pregnanza della sua storia personale e per la consapevolezza della centralità di tale questione.

Già qui però afferrava, come si suol dire, il toro per le corna. Ricordato come l'esito delle grandi guerre del Novecento fosse stata una nuova «riconciliazione nella pace e nella democrazia» del nostro continente, affermava: «Questo è diventata l'Europa, e con essa l'Italia. Repubblica democratica fondata sul lavoro. Non si evochino, oggi, nel nostro paese, per amor di polemica politica o vetero-ideologica, spettri che nessuno vuole più resuscitare». Ma, purtroppo, sebbene avesse detto con chiarezza che «non c'è più spazio né per il militarismo né per l'antimilitarismo» e che «si è tracciata così la nuova visione e funzione delle nostre forze armate», alcuni di quegli spettri avrebbero ancora agitato i nostri giorni.

Credo necessario sottolineare la chiusa di questo importante discorso, di «questi pensieri, solo apparentemente (...) lontani dalla lezione di quegli avvenimenti», perché il suo richiamo finale al «momento difficile che l'Italia, l'Europa e il mondo stanno affrontando» era la premessa per ricordare a tutti, ancora una volta, l'importanza del patto che lega la nazione: «Un senso di appartenenza che implica consapevolezza della complessità delle sfide che stanno oggi dinanzi all'Italia e dunque della necessità di non sfuggire al dovere dell'impegno comune e solidale, al di là di ogni legittima e fisiologica dialettica di posizioni, per salvaguardare il tessuto unitario del paese e garantirgli un futuro migliore».

Il problema del supporto da offrire al senso di appartenenza nazionale è sempre presente al Capo dello Stato: lo abbiamo già visto nel discorso di insediamento, ma esso torna costantemente e vorrei dire cresce in importanza e determinatezza al confronto con una situazione generale in cui non mancano le sfide alla nostra coesione nazionale, né l'indebolirsi della tenuta di alcuni tessuti istituzionali connettivi della nostra consociazione politica.

Da quest'ultimo punto di vista non si può dimenticare l'impegno che il Presidente mette nel rinnovare la memoria del significato profondo del nostro patto costituzionale. Vedremo in chiusura con quale acribia Napolitano ricordi di frequente lo statuto particolare che compete alla sua posizione e come egli senta il dovere di misurare su di esso gli spazi che gli sono concessi; ma ciò non gli impedisce di intervenire con puntualità per richiamare tutti non a soluzioni che egli propone, ma ad affrontare con serenità i problemi, evitando di lasciarli deteriorare in dispute di parte.

Mi pare che da questo punto di vista ci sia un blocco di discorsi che merita di essere richiamato nella sua interezza. In esso stanno da un lato tre discorsi per così dire sulla forma della nostra Costituzione, quello del 23 febbraio 2008 alla Camera dei Deputati per il 60° della Costituzione, l'intervento a Venezia del 18 settembre 2008 al convegno «La Costituzione domani» e infine il discorso inaugurale alla prima Biennale della Democrazia (Torino, 22 aprile 2009); dall'altro lato due interventi al Consiglio Superiore della Magistratura del 6 giugno 2007 e del 14 febbraio 2008. Come momento di ideale congiunzione di questa autentica "strategia oratoria" metterei il discorso alle alte magistrature della Repubblica del 17 dicembre 2008.

La definizione che il Presidente dà della nostra Carta costituzionale è davvero pregnante: «una tavola di principî e di valori, di diritti e di doveri, di regole e di equilibri, che costituisce la base del nostro stare insieme animando una competizione democratica senza mettere a repentaglio il bene comune» (discorso del 23 gennaio 2008). Non stupisce che in questa occasione si rigetti la leggenda della Costituzione come "compromesso" inteso nel senso peggiore del *do ut des*, e si ricordi invece che vi fu «paziente ricerca di punti d'incontro e di soluzioni condivisibili, di accettazione degli esiti alterni della prova del voto su materie controverse, e dunque di spirito di moderazione e di senso della missione». Un richiamo trasparente non solo a una strategia ancor valida di produzione legislativa, nel momento in cui troppo disinvoltamente si tende a sottovalutare la portata di quella fase costituente. E questo richiamo, dirà a Torino nell'aprile 2009, «non è superfluo vista la leggerezza con cui si assumono oggi atteggiamenti dissacranti e si tende a mettere in causa un patrimonio di principî che ha costituito per l'Italia un'acquisizione sofferta collocandola nel grande solco del pensiero e del progresso liberale e democratico dell'Europa e dell'Occidente».

Proprio in questa occasione viene esplicitato un concetto che ritengo portante nella pedagogia e nell'azione del Capo dello Stato: «La Costituzione repubblicana non solo non fu mai intesa come manifesto ideologico o politico di parte; ma nemmeno si limitò a formulare valori nazionali, storico-morali, unificanti. La nostra, come ogni altra Costituzione democratica, è legge fondamentale, architrave dell'ordinamento giuridico e dell'assetto istituzionale». È per questo che il Presidente non ha remore ad affrontare il tema delle possibili e talora necessarie revisioni della nostra Carta (peraltro in parte non piccola già avvenute, come ha puntualizzato in più di una occasione): «bisogna non solo "presidiare" la Costituzione», dirà esplicitamente, «bisogna di continuo calarla nel divenire della società italiana e anche della società internazionale».

In questo contesto vi sono numerosi richiami in tutti i discorsi che stiamo citando alla questione europea che sta molto a cuore a Napolitano, per storia e convinzioni personali. Agli studenti e ai professori dell'Università di Berlino aveva detto il 27 novembre 2007, affrontando direttamente il tema dell'Europa: «Lasciate (...) che vi parli, più che da Capo di Stato, da convinto partigiano della causa europea».

La lettura della vicenda costituzionale italiana nel quadro di quella europea è una peculiarità da rimarcare: «I Trattati europei, le Carte dei principî e dei valori della Comunità e poi dell'Unione Europea, hanno costituito una fonte preziosa di conferma e di arricchimento degli indirizzi caratterizzanti la nostra Carta costituzionale». Ma non solo: la Carta europea assume «quella affermazione nella Carta del '48 del principio di una comune responsabilità sociale e di un corrispondente ruolo dei pubblici poteri» che «da ultimo si è rispecchiato nell'assunzione – nel Trattato costituzionale e ora in quello di Lisbona – della "economia sociale di mercato" come quadro di riferimento di una politica europea di sviluppo sostenibile» (discorso del 23 gennaio 2008).

Il riferimento a questo quadro per così dire "alto" non serve affatto a sfuggire i temi difficili che sono sul tappeto. Il Presidente riconosce che si deve lavorare a una «riscrittura del testo costituzionale sull'ordinamento della Repubblica» avendo riguardo «a esigenze di corretta ed efficace articolazione dei poteri nel sistema delle istituzioni repubblicane», sottolineando che «tali esigenze non possono essere negate né minimizzate». E continua: «Non c'è dubbio che restino e si manifestino squilibri e distorsioni, fattori di confusione e di tensione su diversi piani: nei rapporti tra legislativo ed esecutivo, e anche nei rapporti tra istituzioni centrali e istituzioni regionali e locali».

Nel discorso del 18 settembre 2008 il riferimento alle complessità della situazione, nell'affrontare le quali aveva invitato nel discorso precedente «a rifuggire (...) da semplificazioni e miracolismi», si concentra sul problema del regionalismo e del federalismo fiscale. Si tratta di temi che vanno affrontati nella «piena riacquisizione di una visione, che era *in nuce* nella Costituzione del 1948, dell'unità nazionale come inseparabile, e destinata a trarre maggior forza e consenso, da un'articolazione pluralistica e autonomistica».

Non si tratta certo di costruire un quadretto idilliaco, perché il Presidente chiederà che ciò avvenga nel «superamento di quel persistente, e perfino aggravato, divario tra Nord e Sud che denuncia la storica incompiutezza dell'unificazione nazionale. Ciò richiede la più chiara manifestazione di volontà nel combattere chiusure ed egoismi nelle regioni più sviluppate, nel tenere fede concretamente al principio di solidarietà e nel chiamare al tempo stesso le regioni del Mezzogiorno, alla pari di tutte le altre, alla prova della responsabilità – parola chiave, lo penso anch'io – per l'uso economico e il rendimento qualitativo delle risorse pubbliche, nazionali ed europee».

Il problema del Mezzogiorno è sempre presente nella riflessione del Capo dello Stato, e lo si vedrà persino nell'occasione particolare della sua laurea *honoris causa* a Gerusalemme, quando, esaminando la nostra vicenda storica, dichiarerà che «non si è raggiunto l'obbiettivo (...) dell'unificazione economica, sociale, civile tra le due grandi aree che concorsero al compimento dell'unità politico-istituzionale del paese: il Nord e il Sud». Il Presidente, da uomo del Mezzogiorno, conosce anche gli storici ritardi e le distorsioni di una situazione con cui si combatte dai tempi dell'unificazione nazionale. Ne è grande esempio, ed è a questo punto che va ricordato, il recente discorso a Rionero in Vulture in celebrazione di Giustino Fortunato (3 ottobre 2009), in cui Napolitano ha ripercorso, vorrei dire puntigliosamente, le ombre, ma anche le molte luci, della presenza del Meridione nella storia d'Italia.

Proprio richiamandosi al dovere di una memoria storica al tempo stesso critica e «comprendente» (se mi è consentito usare la fascinosa categoria weberiana), egli affermava: «In conclusione, le celebrazioni del 150° dell'Unità italiana dovrebbero favorire il diffondersi di un clima nuovo, al Nord e al Sud. Da un lato, con l'abbandono di pregiudizi e luoghi comuni attorno al Mezzogiorno e ai meridionali, di atteggiamenti spregiativi che ignorano quel che il Mezzogiorno ha dato all'Italia in vari periodi storici, e in particolare la ricchezza degli apporti della sua intellettualità, delle sue élite culturali: apporti, da De Sanctis a Croce, essenziali nel concorrere all'unificazione del paese. Vecchi e nuovi atteggiamenti spregiativi e sommari impediscono di cogliere e trattengono dal riconoscere energie valide, eccellenze, fattori di dinamismo che il Mezzogiorno presenta e su cui occorre far leva». Ma, a riprova della sua consueta volontà di sfuggire ai tranelli della nostalgia e della retorica, aggiungeva essere necessaria «una seria riflessione critica della società meridionale, delle forze che la rappresentano, che la guidano o che in essa comunque si muovono: una seria riflessione critica su se stessa, voglio dire. Il bilancio delle istituzioni regionali nel Mezzogiorno non è uniforme, comprende esperienze positive – come quella della Basilicata, e non lo dico perché sono qui tra voi – ma nell'insieme è tale da farci dubitare che le forze dirigenti meridionali abbiano retto alla prova dell'autogoverno».

Come si vede, il Presidente non indietreggia certo da una presa in carico molto "realista" dei problemi che gli sono posti davanti, specie quando essi riguardino il problema dell'articolazione dei poteri costituzionali dello Stato. Lo si nota nell'affrontare la delicatissima questione del rapporto fra potere politico e magistratura, senza dubbio nel momento attuale uno dei punti più critici nell'articolazione del nostro sistema.

Nel suo discorso del giugno 2007 al Consiglio Superiore della Magistratura (non compreso in questo libro), il Presidente, dopo aver fatto richiami molto puntuali alla necessità di un esercizio molto attento della funzione inquirente e giudicante, aveva concluso con un appello al Parlamento, a testimonianza della connessione di queste problematiche con il più vasto orizzonte delle riforme istituzionali. «Ormai io sono abituato a insistere in questo tipo di appelli, nonostante tutto, *spes contra spem*. (...) Certo potremmo fare un discorso anche lungo sulla transizione istituzionale di cui soffriamo le conseguenze (...). È una transizione che tredici anni fa, a conclusione di un'esperienza istituzionale che mi aveva impegnato in un periodo estremamente tormentato, definii – ma non fui il solo a definirla tale – incompiuta. Poi, purtroppo, ha preso piede, con qualche fondamento, l'espressione di transizione infinita».

Nel successivo discorso al Consiglio Superiore della Magistratura del febbraio 2008 il Presidente tornava a insistere sul problema istituzionale che doveva impedire che i rapporti fra mondo della giustizia e mondo della politica fossero dominati «da complessi difensivi e da impulsi di ritorsione polemica». Di qui la conclusione: «La politica e la giustizia, i protagonisti, e ancor più le istanze rappresentative, dell'una e dell'altra, non possono percepirsi ed esprimersi come mondi ostili, guidati dal sospetto reciproco, anziché uniti in una comune responsabilità istituzionale. E a chi vi parla tocca dare il contributo più obbiettivo e disinteressato alla piena affermazione di quella comune responsabilità».

Questa visione forte del sistema istituzionale, dove tutto si tiene ed è l'interazione responsabile fra le diverse istanze a dare ai cittadini il senso forte dell'esistenza di una comunità politica, torna con efficacia nel discorso di Napolitano alle alte magistrature della Repubblica, discorso tenuto il 17 dicembre 2008.

In questa occasione, partendo dal rifiuto di «reazioni di paura, di scoramento e di rassegnazione» e invitando invece a preparare «dinanzi alle sfide che si pongono all'Europa e all'Italia (...) una nuova, decisa, comune assunzione di responsabilità», ribadiva ancora una volta che «ciò richiede in Italia che, sciogliendosi antichi nodi, si compia un balzo in avanti nell'efficacia e nella qualità dell'operato di nostre fondamentali istituzioni». Il Presidente non si nasconde le difficoltà dell'ora: «le condizioni del bilancio dello Stato e del debito che pesa su di esso richiedono il massimo rigore nell'uso del danaro pubblico e sollecitano interventi – che non possono essere elusi – di razionalizzazione e di riforma».

Segue una disamina precisa delle criticità e della forza del sistema istituzionale. Il Parlamento con il suo «ruolo insostituibile», ma con la necessità di accrescerne produttività e speditezza dei lavori, evitando «congestioni» legislative, ma anche mettendo limiti alla «abnorme frequenza del ricorso a decreti» per di più «aggravata dalla pratica di emendamenti estranei alla materia e chiaramente strumentali». Ciò postula riforme, da quelle dei regolamenti parlamentari a quelle più propriamente costituzionali da promuovere «in un clima di costruttivo confronto e nella ricerca della più ampia condivisione».

Si veniva così ancora al tema scottante della giustizia, dove «si pongono con urgenza anche problemi di equilibrio istituzionale (...) ed esigenze di misure di riforma, volte a scongiurare eccessi di discrezionalità, rischi di arbitrio e conflitti interni alla magistratura nell'esercizio della funzione giudiziaria». L'appello poi a considerare che «un costume di serenità, riservatezza ed equilibrio nel rigoroso rispetto delle regole» non debba mai essere sacrificato «all'assunzione di missioni improprie e a smanie di protagonismo personale» non era rivolto alla sola magistratura.

La chiusa del discorso è molto importante, perché ripropone ancora una volta con la massima forza della ragione, pur in una prosa che non si abbandona mai, in questa come in tutte le altre occasioni, a furori retorici, due punti cardine della visione del Capo dello Stato. Il primo è che la serietà della situazione complessiva, italiana e internazionale, richiede grande capacità di confronto e di confronto aperto: «Sono gli eventi stessi, la complessità dei problemi e delle sfide che l'Italia ha di fronte a sé, l'evidente e pressante interesse generale, che esigono più pacati dibattiti, disponibilità ben maggiori di quelle che comunque (...) si stanno manifestando all'incontro e alla convergenza su questioni di assoluta rilevanza per il prossimo futuro». Il secondo punto riguarda la costruzione della coesione sociale, tema già presente in molti interventi precedenti, ma la cui importanza e centralità continua a crescere nel corso di questi tormentati anni: «Occorre che dalla politica e dalle istituzioni venga in questo modo un impulso capace di suscitare fiducia e coesione sociale, di sollecitare quella vitale reazione alla crisi e quella rinnovata spinta in avanti che la nazione italiana è in grado di sprigionare come in altre fasi critiche della sua storia».

Come si è accennato, il Presidente non dimentica mai che la vicenda del nostro paese non è comprensibile se non inserita nel più vasto quadro della storia dell'Europa e del mondo.

La fede europea è stata per lui uno strumento per confrontarsi da prospettive più ampie con una difficile congiuntura internazionale di cui si è sempre mostrato consapevole. Il lettore lo vedrà agevolmente leggendo il testo della conferenza da lui tenuta all'Istituto Internazionale per gli Studi Strategici di Londra il 19 maggio 2009. Qui, partendo proprio dalla constatazione che «Il peso demografico ed economico relativo del nostro continente si sta indubbiamente riducendo», ma rifiutando l'idea che ciò significasse accettare banalmente che il ruolo dell'Europa nel mondo è «destinato a divenire marginale», passava in rassegna le criticità dell'anno appena trascorso: la grande crisi economica e finanziaria, la guerra in Georgia, il nuovo corso politico negli Stati Uniti, la difficile situazione in Medio Oriente, le tante sfide alla sicurezza globale. In questo orizzonte egli iscriveva però una nuova missione per l'Europa, che è, secondo la natura profonda delle tavole costitutive dell'Unione Europea, lavorare per la pace. «Assicurare un movimento reale e costante verso una comunità mondiale di democrazie pacifiche, in amicizia tra loro, non è compito facile. Né è facile per l'Europa svolgere un ruolo guida in un movimento di questo tipo». È però necessario avere davvero uno sguardo globale. In un passaggio il Presidente avrebbe notato, ed è una frase che sottolineo, mettendo in relazione la data di quel maggio e i drammatici avvenimenti che ci avrebbero toccato come nazione in settembre: «L'Afghanistan può sembrare molto distante da noi, ma le distanze contano ben poco nel mondo odierno. È un'illusione pericolosa credere che il futuro dell'Afghanistan non riguardi il futuro della pace nel mondo».

L'invito finale che il Capo dello Stato rivolge perché si operi, riprendendo le parole di Keynes a Bretton Woods, con «uno spirito di saggezza, pazienza e severo riserbo» è tipico, come ormai il lettore avrà capito, della cultura politica di Giorgio Napolitano. E questa ritorna anche nel saluto che egli rivolge ai Capi di Stato e di Governo presenti al G8 dell'Aquila, quando, richiamando «la crescente interdipendenza» che ormai lega «le più diverse realtà», afferma: «Nessun direttorio di sette o di otto potenze economiche e Stati può assicurare lo sviluppo mondiale, la salvezza e il futuro del mondo. Sono entrati in scena nuovi grandi protagonisti e il loro ruolo va pienamente riconosciuto; e si deve dar voce ai paesi che sono rimasti più indietro sulla via dello sviluppo, ai popoli più sfortunati di cui tanta parte vive penosamente nella povertà e nella fame».

È opportuno concludere questa guida alla lettura dei discorsi del Presidente, ché altro non vuole essere questa introduzione, con i tre messaggi di fine anno che egli ha pronunciato. I messaggi costituiscono un genere politico-letterario molto particolare, in quanto sono qualcosa di diverso rispetto ai due modelli che potrebbero venire alla mente, i discorsi della Corona nei sistemi monarchico-costituzionali e il discorso sullo stato dell'Unione nel caso statunitense. In realtà in entrambi i casi, pur con delle differenze, si tratta di discorsi che originano dal potere esecutivo: direttamente nel caso americano, poiché è la stessa Costituzione che all'Articolo 2, comma 3, prescrive che il Presidente, titolare del potere esecutivo, ragguagli annualmente il Congresso sull'andamento degli affari pubblici (cosa che avviene puntualmente dal 1790); in forma diversamente rappresentativa nel caso delle monarchie, dove il sovrano presenta al Parlamento il programma del "suo" Governo, che è, ovviamente, steso dal Governo medesimo.

Nel caso del nostro Presidente della Repubblica si tratta invece di un discorso augurale alla nazione (e non al Parlamento come nei casi precedenti) e di un discorso che proviene da una carica che non ha alcun potere esecutivo o legislativo: e infatti il lettore troverà in questi discorsi diversi passaggi in cui il Presidente ricorda che non spetta a lui indicare soluzioni. Tuttavia questa formula, che venne inaugurata dal Presidente Einaudi nel 1949, è qualcosa di più di un pur solenne cerimoniale di augurio al paese: è divenuta l'occasione più "pubblica", se così posso esprimermi, in cui il Presidente, attraverso la radio e la televisione, si rivolge *direttamente* all'intero popolo italiano e non solo in prima istanza a una qualche sua sezione, come avviene in tutti gli altri casi.

Per queste ragioni si tratta di un appuntamento al tempo stesso impegnativo e delicato, perché in esso si esprime l'essenza del servizio che il Presidente è chiamato a rendere al paese. Giorgio Napolitano è particolarmente sensibile e attento a questo aspetto, tanto che più volte ha richiamato come dovesse intendersi il suo ruolo: l'osservatore non può fare a meno di rilevare quanto ciò sia importante e opportuno nel momento in cui si accumulano sulla Presidenza della Repubblica aspettative improprie che lo vorrebbero arbitro e talora risolutore dei nodi della nostra crisi politica.

Sin dal suo primo messaggio di fine anno, nel 2006, il Presidente confessava: «Sto ora verificando quanto sia più complessa e impegnativa la responsabilità che la nostra Costituzione attribuisce al Capo dello Stato. Interpretare ed esprimere, con passione civile e con assoluta imparzialità, sentimenti e valori condivisi, esigenze e bisogni che riflettono l'interesse generale del paese. E guardare sempre all'unità nazionale come bene primario da tutelare e consolidare».

Il fatto che il Presidente sia tornato spesso sulla precisazione del suo ruolo è significativo. Parlando al Consiglio Superiore della Magistratura nel giugno 2007 aveva risposto a chi lo invitava a far sentire la sua voce: «Sono inviti che io raccolgo quando siano, come i suoi, appropriati, corrispondenti al mio ruolo e ai miei effettivi poteri istituzionali. Evidentemente non sempre posso accoglierli, e debbo essere in generale piuttosto misurato anche quando si tratti di interventi che, a mio avviso, sono legittimi e costituzionalmente fondati». Sempre in quella sede, nel febbraio dell'anno seguente precisava però di considerare «fuorviante attribuirmi la tendenza a una salomonica equidistanza, come se a me spettasse dividere i torti e le ragioni tra due parti in conflitto, e non richiamare tutti al rispetto di regole, esigenze, equilibri che il nostro ordinamento repubblicano ha per tutti reso vincolanti».

Nel messaggio di fine anno del 2008 poi specificava quale fosse «la missione che i padri della Costituzione vollero affidare al Presidente della Repubblica: unire gli italiani, tenendosi fuori dalla competizione tra le opposte parti politiche, rappresentando, col massimo scrupolo di imparzialità e indipendenza, i valori in cui possono riconoscersi tutti i cittadini». Infine, in uno spazio per certi versi un poco più libero da doveri di rappresentanza come era il discorso inaugurale alla Biennale della Democrazia, si permetteva di «richiamare anche il riconoscimento del Capo dello Stato come "potere neutro", secondo il principio che, enunciato da Benjamin Constant due secoli fa, ispirò ancora i nostri padri costituenti nel disegnare la figura del Presidente della Repubblica».

Era importante richiamare questo quadro per cogliere appieno la tipologia che assumono sotto il Presidente Napolitano i messaggi di fine anno. Essi si articolano, mi pare, lungo tre assi: ripercorrere i punti critici che ci si è trovati di fronte lungo l'anno che si conclude, sia nella politica interna che in quella internazionale;

esprimere una partecipazione ai problemi profondi del corpo della nazione al di là del semplice recinto della politica; insistere come a tutto si debba far fronte con quelle che chiamerei le "virtù repubblicane": senso del dovere, capacità di riformare se stessi e le istituzioni, solidarietà diffusa.

Così nel messaggio del 2006, dopo avere ammonito che «se la politica diventa un continuo gridare, un gareggiare a chi alza di più i toni, uno scontrarsi su tutto, su ogni questione, in ogni momento» si arriva al punto che «molti finiscono per allontanarsi non da questo o quel partito, ma dalla politica», affermava di continuare «testardamente a rivolgere ai protagonisti della vita politica» l'appello alla cooperazione pur nella dialettica anche aspra e di farlo «interpretando, credo, il comune sentire dei cittadini».

Il perno di questo messaggio sta in un tema che, come abbiamo già ampiamente visto, è al centro dell'attenzione del Presidente Napolitano: la difesa della coesione sociale del paese, che tiene insieme il fronte dell'impegno al servizio dei cittadini e il fronte dell'impegno nella promozione di istituzioni che siano all'altezza di questo compito. «Più coesione – diceva il Presidente – significa anche più equità, meno disparità nei redditi e nelle condizioni di vita, più vicinanza e sostegno per le persone e le famiglie che versano (e sono tante) in penose ristrettezze e per quelle che sono provate da sofferenze di ogni natura». L'attenzione a questa umanità dolente (l'anno seguente ricorderà il suo incontro con le persone afflitte da disabilità) e il riconoscimento dell'alto valore morale e civile di tutte le istituzioni e le persone che si misurano con questi drammi sarà costante anche nei messaggi successivi.

Fin da questo primo discorso vi è comunque l'indicazione agli italiani di ciò che serve per fare fronte comune a un contesto certamente non facile. «Per raccogliere le energie di cui è ricca la società italiana, indirizzarne e soddisfarne responsabilmente le domande, contrastando particolarismi e chiusure egoistiche, la politica ha bisogno di istituzioni più riconosciute e più forti. Si trovi dunque l'intesa per riformarle, senza toccare il patrimonio dei grandi valori e indirizzi costituzionali».

Nel messaggio del 2007 si sarebbe vista un'accentuazione di questa attenzione al versante sociale, anche se non mancheranno le notazioni su una crisi politica che sembrava allora vedere «uno spiraglio di dialogo», con l'auspicio della creazione di «un nuovo, più costruttivo clima politico, fondato su una effettiva legittimazione reciproca». Il tema centrale era però quello delle preoccupazioni della gente per dare loro motivi di speranza e di fiducia. C'erano le preoccupazioni per l'occupazione, per l'aumento del costo della vita, per gli stessi problemi derivanti da una cultura con scarso civismo e afflitta da particolarismi e localismi, come nel caso, esplicitamente citato, dei rifiuti in Campania.

Di qui un appello forte, che ancora oggi va letto con grande attenzione, perché quei problemi non li abbiamo affatto alle spalle: «Essere esigenti verso noi stessi significa impegnarci a dare prove effettive di senso civico, dalle più semplici alle più impegnative (...); a dare prove di consapevolezza dell'interesse generale, contribuendo, ad esempio, alla salvaguardia dell'ambiente, alla tutela del territorio e del paesaggio, insidiati da nuove spinte speculative. L'interesse generale esige rispetto reciproco tra le istituzioni, ancora una volta, e più che mai, rispetto ed equilibrio tra politica e magistratura, fiducia in tutte le istituzioni di garanzia».

Sono trascorsi quasi due anni da quando queste parole furono pronunciate, ma non posso fare a meno di osservare che sembrano scritte in riferimento a tanti avvenimenti che sono saliti in seguito, come si dice, all'onore delle cronache.

Il messaggio del 2008, proprio per le ragioni che abbiamo appena esposte, non poteva che cominciare con la constatazione della «sconvolgente crisi finanziaria», fenomeno che stava toccando la vita e gli equilibri del nostro paese. Certo il Presidente ribadiva, con una citazione implicita di una famosa espressione del Presidente Franklin Delano Roosevelt di fronte alla grande depressione, che «l'unica cosa di cui avere paura è la paura stessa», ma come antidoto offriva, è bene notarlo, il fatto di volere «parlare questa sera con voi il linguaggio della verità».

A fronte di un elenco di problemi in cui si vedeva chiaramente cosa si intendesse con il parlare il linguaggio della verità (e si andava dalle difficoltà crescenti in una società squilibrata alle esigenze di riforma nei più diversi campi, esigenze su cui tante volte era tornato nei suoi discorsi), il Presidente avanzava la sua proposta e la sua speranza per trasformare la crisi in un'occasione positiva per il paese: «Sono convinto che possiamo limitare le conseguenze economiche e sociali della crisi mondiale per l'Italia, e creare anzi le premesse di un migliore futuro, se facciamo leva sui punti di forza e sulle più vive energie di cui disponiamo. A condizione che non esitiamo ad affrontare decisamente le debolezze del nostro sistema, le insufficienze e i problemi che ci portiamo dietro da troppo tempo. Facciamo della crisi un'occasione per liberarcene, guardando innanzitutto all'assetto delle nostre istituzioni, al modo di essere della pubblica amministrazione, al modo di operare nell'amministrazione della giustizia».

La conclusione del discorso di fine anno 2008 può servire bene da conclusione di questo percorso di lettura, per fissare e capire il senso della "pedagogia" che il Presidente Napolitano proponeva al paese, quando parlava, con senso quasi profetico, dell'«anno carico di incognite che ci attende».

Diceva allora il Capo dello Stato: «Per l'Italia, la prova più alta – in cui si riassumono tutte le altre – è quella della nostra capacità di unire le forze, di ritrovare quel senso di un comune destino e quello slancio di coesione nazionale che in altri momenti cruciali della nostra storia abbiamo saputo esprimere». E aggiungeva: «Sono chiamate alla prova tutte le componenti della nostra società, l'insieme dei cittadini che ne animano il movimento, in una parola l'intera collettività nazionale. Questo è lecito attendersi dalle generazioni che oggi ne costituiscono la spina dorsale: un'autentica reazione vitale come negli anni più critici per il paese».

In un certo senso con questa esortazione Giorgio Napolitano tornava sul tema con cui aveva aperto il 2008, chiudendo il suo discorso del 23 gennaio dinanzi al Parlamento celebrando il 60° della Costituzione. «La condizione del successo è in un concorso di volontà che non può, non deve mancare. Un concorso di volontà più forte di tutte le ragioni di divisione, pur nello svolgimento di una libera dialettica politica e sociale. Ci unisce e ci incoraggia in questo sforzo la grande, vitale risorsa della Costituzione repubblicana. Non c'è terreno comune migliore di quello di un autentico, profondo, operante patriottismo costituzionale. È questa la nuova, moderna forma di patriottismo nella quale far vivere il patto che ci lega: il nostro patto di unità nazionale nella libertà e nella democrazia».

Parole forti, parole che davvero suonavano e continuano a suonare per la Repubblica.

PAOLO POMBENI

Giorgio Napolitano

Il patto che ci lega

Il messaggio del giuramento

È con profonda emozione che mi rivolgo a voi in quest'aula nella quale ho speso tanta parte del mio impegno pubblico, apprendendo dal vivo il senso e il valore delle istituzioni rappresentative, supremo fondamento della democrazia repubblicana. Sono le assemblee elettive, è innanzitutto il Parlamento, il luogo del confronto sui problemi del paese, della dialettica delle idee e delle proposte, della ricerca delle soluzioni più valide e condivise. La nuova legislatura si è aperta nel segno di un forte travaglio, a conclusione di un'aspra competizione elettorale, dalla quale gli opposti schieramenti politici sono emersi entrambi largamente rappresentativi del corpo elettorale. L'assunzione delle responsabilità di governo da parte dello schieramento che è sia pur lievemente prevalso rappresenta l'espressione naturale del principio maggioritario che l'Italia ha assunto da quasi un quindicennio come regolatore di una democrazia dell'alternanza realmente operante.

Ma in tali condizioni più chiara appare l'esigenza di una seria riflessione sul modo di intendere e coltivare in un sistema politico bipolare i rapporti tra maggioranza e opposizione. Non si tratta di tornare indietro rispetto all'evoluzione che la democrazia italiana ha conosciuto grazie allo stimolo e al contributo di forze di diverso orientamento. Ma il fatto che si sia instaurato un clima di pura contrapposizione e di incomunicabilità,

Discorso davanti al Parlamento in seduta comune il giorno del giuramento, Aula di Montecitorio, 15 maggio 2006.

a scapito della ricerca di possibili terreni di impegno comune, deve considerarsi segno di un'ancora insufficiente maturazione nel nostro paese del modello di rapporti politici e istituzionali già consolidatosi nelle altre democrazie occidentali.

Ebbene, è venuto il tempo della maturità per la democrazia dell'alternanza anche in Italia. Il reciproco riconoscimento, rispetto e ascolto tra gli opposti schieramenti, il confrontarsi con dignità in Parlamento e nelle altre assemblee elettive, l'individuare i temi di necessaria e possibile limpida convergenza nell'interesse generale, possono non già mettere in forse ma, al contrario, rafforzare in modo decisivo il nuovo corso della vita politica e istituzionale avviatosi con la riforma del 1993 e le elezioni del 1994.

Ciò potrà avvenire solo ad opera delle forze politiche organizzate e delle loro rappresentanze nelle istituzioni rappresentative, sorrette dalla consapevolezza e dal dinamismo della società civile. A chi vi parla, chiamato a rappresentare l'unità nazionale, spetta semplicemente trasmettere oggi un messaggio di fiducia, in risposta al bisogno di serenità e di equilibrio fattosi così acuto e diffuso tra gli italiani. Sono convinto che la politica possa recuperare il suo posto fondamentale e insostituibile nella vita del paese e nella coscienza dei cittadini. Può riuscirvi quanto più rifugga da esasperazioni e immeschinimenti che ne indeboliscono fatalmente la forza di attrazione e persuasione, e quanto più esprima moralità e cultura, arricchendosi di nuove motivazioni ideali. Tra esse, quella del costruire basi comuni di memoria e identità condivisa, come fattore vitale di continuità nel fisiologico succedersi di diverse alleanze politiche nel governo del paese.

Ma non si può dare memoria e identità condivisa, se non si ripercorre e si ricompone in spirito di verità la storia della nostra Repubblica nata sessant'anni fa come culmine della tormentata esperienza dello Stato unitario e, prima ancora, del processo risorgimentale.

Ci si può – io credo – ormai ritrovare, superando vecchie laceranti divisioni, nel riconoscimento del significato e del decisivo apporto della Resistenza, pur senza ignorare zone d'ombra, eccessi e aberrazioni. Ci si può ritrovare – senza riaprire le ferite del passato – nel rispetto di tutte le vittime e nell'omaggio non rituale alla liberazione dal nazifascismo come riconquista dell'indipendenza e della dignità della patria italiana.

Memoria condivisa, come premessa di una comune identità nazionale, che abbia il suo fondamento nei valori della Costituzione. Il richiamo a quei valori trae forza dalla loro vitalità, che resiste, intatta, ad ogni controversia. Parlo – ed è giusto farlo anche nel celebrare il sessantesimo anniversario dell'elezione dell'Assemblea Costituente – di quei Principî Fondamentali che scolpirono nei primi Articoli della Carta costituzionale il volto della Repubblica. Principî, valori, indirizzi che scritti ieri sono aperti a raccogliere oggi nuove realtà e nuove istanze.

Così, il valore del lavoro, come base della Repubblica democratica, chiama più che mai al riconoscimento concreto del diritto al lavoro, ancora lontano dal realizzarsi per tutti, e alla tutela del lavoro «in tutte le sue forme e applicazioni», e dunque anche nelle forme ora esposte alla precarietà e alla mancanza di garanzie.

I diritti inviolabili dell'uomo e il principio di uguaglianza, «senza distinzione di sesso, di razza, di lingua, di religione», si integrano e completano nella Carta europea, aperta ai nuovi diritti civili e sociali. Essi non possono non riconoscersi a uomini e donne che entrano a far parte, da immigrati, della nostra comunità nazionale contribuendo alla sua prosperità.

Il valore della centralità della persona umana viene a misurarsi con le nuove frontiere della bioetica.

L'unità e indivisibilità della Repubblica si è via via intrecciata col più ampio riconoscimento dell'autonomia e del ruolo dei poteri regionali e locali.

Si rivela lungimirante come fattore di ricchezza e apertura della nostra comunità nazionale la tutela delle minoranze linguistiche.

Essenziale appare tuttora il laico disegno dei rapporti tra Stato e Chiesa, concepiti come, ciascuno nel proprio ordine, indipendenti e sovrani. La libertà e il pluralismo delle confessioni religiose sono state via via sancite, e ancora dovranno esserlo, attraverso intese promosse dallo Stato.

Presentano poi una pregnanza e urgenza senza precedenti, tanto lo sviluppo della cultura e della ricerca scientifica e tecnica, quanto la tutela del paesaggio e del patrimonio storico e artistico della nazione.

Infine, i valori, tra loro inscindibili, del ripudio della guerra e della corresponsabilità internazionale per assicurare la pace e la giustizia nel mondo, si confrontano con nuove, complesse e dure prove.

Ebbene – signor Presidente, onorevoli parlamentari, signori delegati regionali – chi può mettere in dubbio la straordinaria sapienza, e rispondenza al bene comune, dei principî e valori costituzionali che ho voluto puntualmente ripercorrere? In questo senso, è giusto parlare di unità costituzionale come sostrato dell'unità nazionale.

Un risoluto ancoraggio ai lineamenti essenziali della Costituzione del 1948 non può essere scambiato per puro conservatorismo. I costituenti si pronunciarono a tutte lettere per una Costituzione «destinata a durare», per una Costituzione rigida ma non immutabile, e definirono le procedure e garanzie per la sua revisione. Nei progetti volti a rivedere la Seconda Parte della Costituzione che si sono via via succeduti, non sono stati mai messi in questione i suoi Principî Fondamentali. Ma già nell'Assemblea Costituente si espresse – nello scegliere il modello della Repubblica parlamentare – la preoccupazione di «tutelare le esigenze di stabilità dell'azione di governo e di evitare le degenerazioni del parlamentarismo». Quella questione rimase aperta e altre ne sono insorte in anni più recenti, anche sotto il profilo del ruolo dell'opposizione e del sistema delle garanzie, in rapporto ai mutamenti intervenuti nella legislazione elettorale. La legge di revisione costituzionale approvata dal Parlamento mesi or sono è ora affidata al giudizio conclusivo del popolo sovrano; si dovrà comunque verificare poi la possibilità di nuove proposte di riforma capaci di raccogliere il necessario largo consenso in Parlamento.

Esprimo il più sentito e convinto omaggio al mio predecessore Carlo Azeglio Ciampi per l'esemplare svolgimento del suo mandato, e in special modo per l'impulso a una più forte affermazione dell'identità nazionale italiana e di un rinnovato sentimento patriottico. Nello stesso tempo, nessun ripiegamento entro confini e orizzonti anacronistici. Come già si disse, precorrendo i tempi, all'Assemblea Costituente, l'Europa è per noi italiani una seconda patria. Lo è diventata sempre di più nei quasi cinquant'anni che ci separano da quei Trattati di Roma che portano la firma, per l'Italia, di Antonio Segni e di Gaetano Martino; e il cammino dell'integrazione e costruzione europea cominciò ancor prima, ispirato dalle profetiche intuizioni di Benedetto Croce e di Luigi Einaudi, guidato dall'incontro tra i diversissimi apporti di personalità come Alcide De Gasperi e Altiero Spinelli, lo statista lungimirante e il paladino del movimento federalista, entrambi né meschinamente realisti, né astrattamente utopisti.

La crisi che da un anno ha investito l'Unione Europea non può in alcun modo oscurare il cammino compiuto e far liquidare il grande progetto della costruzione comunitaria come riflesso di una fase storica, quella del continente diviso in due blocchi contrapposti, conclusasi nel 1989. In effetti non solo si è portata a compimento la più grande impresa di pace del secolo scorso nel cuore dell'Europa, non solo si è realizzato uno straordinario e duraturo avanzamento economico e sociale, civile e culturale nei paesi che si sono via

via associati al progetto, ma si sono poste le radici di un irreversibile moto di avvicinamento e integrazione tra i popoli, le realtà produttive, i sistemi monetari, le culture, le società, i cittadini, i giovani delle nazioni europee.

Non potranno arrestare questo processo le difficoltà pur gravi incontrate dall'iter di ratifica del Trattato costituzionale: l'Italia – dopo che il suo Governo e il suo Parlamento hanno tra i primi provveduto alla ratifica di quel Trattato – è fortemente interessata e impegnata a creare le condizioni per l'entrata in vigore di un testo di autentica rilevanza costituzionale.

Ci inducono a riflettere, ma non potranno fermarci, i fenomeni di disincanto e di incertezza indotti nelle opinioni pubbliche da un serio rallentamento della crescita dell'economia e del benessere, da un palese affanno nel far fronte sia alle sfide della competizione globale e del cambiamento di pesi e di equilibri nella realtà mondiale, sia alle stesse prove dell'allargamento dell'Unione. Di certo non esiste dinanzi a queste sfide alcuna alternativa al rilancio della costruzione europea.

L'Italia solo come parte attiva della costruzione di un più forte e dinamico soggetto europeo, e l'Europa solo attraverso l'unione delle sue forze e il potenziamento della sua capacità d'azione, potranno giuocare un ruolo effettivo, autonomo, peculiare nell'affermazione di un nuovo ordine internazionale di pace e di giustizia. Un ordine di pace nel quale possa espandersi la democrazia e prevalere la causa dei diritti umani, e insieme assicurarsi un governo dello sviluppo che contribuisca a scongiurare tensioni e rischi di guerra, e ponga un argine all'intollerabile, allarmante aggravarsi delle disuguaglianze a danno dei paesi più poveri, dei popoli colpiti da ogni flagello come quelli del continente africano.

La strada maestra per l'Italia resta dunque quella dell'impegno europeistico, come il Presidente Ciampi ha in questi anni appassionatamente indicato. E in ciò egli ha incontrato, io credo, il sentire profondo ormai maturato soprattutto nelle nostre giovani generazioni, il cui animo italiano fa tutt'uno con l'animo europeo, e che non vedono avvenire se non nell'Europa.

La priorità dell'impegno europeistico nulla toglie alla profondità dell'adesione dell'Italia a una visione dei rapporti transatlantici, dei suoi storici legami con gli Stati Uniti d'America e delle relazioni tra Europa e Stati Uniti, come cardine di una strategia di alleanze, nella libera ricerca di approcci comuni ai problemi più controversi e nella pari dignità. È in tale contesto che va affrontata senza esitazioni e ambiguità la minaccia così dura, inquietante e per tanti aspetti nuova, del terrorismo di matrice fondamentalista islamica, senza mai offrire a questo insidioso nemico il vantaggio di una nostra qualsiasi concessione alla logica dello scontro di civiltà, di una nostra rinuncia al principio e al metodo del dialogo tra storie, culture e religioni diverse.

Non è illusorio pensare che questa cornice degli orientamenti di politica internazionale dell'Italia possa essere condivisa dagli opposti schieramenti politici. Entro questa cornice spetta al Governo e al Parlamento indicare iniziative atte a contribuire al dialogo e al negoziato tra Israele e l'Autorità palestinese nel pieno riconoscimento del diritto dello Stato di Israele a vivere in sicurezza e del diritto del popolo palestinese a darsi uno Stato indipendente. Ed è ora di mettere al bando l'arma del terrorismo suicida e di contrastare fermamente ogni rigurgito di antisemitismo.

Si impongono egualmente iniziative volte alla soluzione della ancora aperta e sanguinosa crisi in Iraq, alla stabilizzazione del processo democratico in Afghanistan, alla ricerca di uno sbocco positivo per lo stato di preoccupante tensione con l'Iran.

Più specificamente, compete al Governo e al Parlamento definire le soluzioni per il rientro dei militari italiani dall'Iraq. Oggi, non può che accomunare quest'Assemblea l'omaggio riverente e commosso a tutti i nostri caduti, che hanno rappresentato il prezzo così doloroso di missioni all'estero assolte con dedizione e onore, qualunque sia stato il grado di consenso nel deliberarle.

Onorevoli parlamentari, signori delegati regionali, se rivolgo ora lo sguardo dal cruciale orizzonte europeo allo stato del nostro paese e al quadro delle nostre dirette responsabilità, posso solo consentirmi brevi considerazioni, senza affacciarmi in un campo che è, più di ogni altro, proprio del confronto tra diverse impostazioni e posizioni politiche. Posso, anche qui, esprimere solo un messaggio di fiducia, senza indulgere a diagnosi pessimiste sull'inevitabile declino del nostro sistema economico e finanziario, ma nemmeno sottovalutando la gravità delle debolezze da superare e dei nodi da sciogliere. Il nodo – innanzitutto – del debito pubblico. E insieme, le debolezze del sistema produttivo.

Le imprese italiane hanno mostrato di saper raccogliere la sfida che viene dall'operare in un mercato aperto e in libera concorrenza e di volersi impegnare in un serio sforzo per la crescita, l'innovazione e l'internazionalizzazione. Esse chiedono allo Stato non di introdurre o mantenere indebite protezioni, ma di favorire la competitività del sistema e gli investimenti privati e pubblici, nonché di riprendere quel processo di sviluppo infrastrutturale che tanta parte ebbe nella crescita del secondo dopoguerra. Ma all'esigenza di rimuovere limiti e vincoli ingiustificati si accompagna quella di assicurare regole e controlli efficaci ed efficienti.

Il nostro paese non può rinunciare alle sue grandi tradizioni in campo industriale e agricolo, che ancora si esprimono in rilevanti prove di progresso anche tecnologico: tali da dar luogo di recente a casi di straordinario recupero in gravi situazioni di crisi e da animare nuove, vitali realtà produttive. Nello stesso tempo, appare indispensabile rafforzare e modernizzare il settore dei servizi, e valorizzare con coraggio e lungimiranza il patrimonio naturale e paesaggistico, culturale e artistico senza eguali di cui l'Italia dispone.

Di qui passa anche qualsiasi politica per il Mezzogiorno, le cui regioni diventano un asse obbligato del rilancio complessivo dello sviluppo nazionale anche per la loro valenza strategica nella nuova grande prospettiva dei flussi di investimenti e di scambi tra l'area euromediterranea e l'Asia. Né occorre che io aggiunga altro a questo proposito, signori parlamentari e delegati regionali, per la profondità delle radici e delle esperienze politiche e di vita che mi legano al Mezzogiorno: non occorrono altre parole per affidarvi un auspicio così intimamente sentito.

Sono più in generale le mie complessive esperienze politiche e di vita che mi inducono ad associare con forza il problema del rilancio della nostra economia a quello della giustizia sociale, della lotta contro le accresciute disuguaglianze e le nuove emarginazioni e povertà, dell'impegno più conseguente per elevare l'occupazione e il livello di attività della popolazione, il problema non eludibile del miglioramento delle condizioni dei lavoratori e dei pensionati e di una rinnovata garanzia della dignità e della sicurezza del lavoro.

C'è bisogno di più giustizia e coesione sociale. E se un ruolo decisivo spetta in questo senso ai sindacati, posti peraltro di fronte a un mercato del lavoro in profondo cambiamento che richiede forti aperture all'innovazione, è interesse e responsabilità anche delle forze imprenditoriali comprendere e assecondare politiche di coesione e di solidarietà.

Quando ci domandiamo – dinanzi a problemi così complessi e a vincoli così pesanti – se possiamo farcela, dobbiamo guardare alle risorse di cui dispone l'Italia. Sono le risorse delle istituzioni regionali e locali che esercitano le loro autonomie in responsabile e leale collaborazione con lo Stato e contando sull'impegno unitario della pubblica amministrazione al servizio esclusivo della nazione. Sono, insieme, le risorse di un ricco tessuto civile e culturale, da cui si sprigiona un potenziale prezioso di sussidiarietà, per l'apporto di cui si è mostrato e si mostra capace il mondo delle comunità intermedie, dell'associazionismo laico e religioso, del volontariato e degli enti non profit. Sono le risorse della partecipazione di base, che le istituzioni locali tanto possono stimolare e canalizzare.

E sono le risorse delle famiglie: come quelle che abbiamo visto in queste settimane stringersi attorno alle spoglie dei caduti di Nassiriya e di Kabul. Famiglie laboriose e modeste che educano i loro figli al senso del dovere verso la patria e verso la società. Famiglie che rappresentano la più grande ricchezza dell'Italia.

E ancora, abbiamo da contare – mi si lasci ricordare la splendida figura di Nilde Iotti – sulle formidabili risorse delle energie femminili non mobilitate e non valorizzate né nel lavoro né nella vita pubblica: pregiudizi e chiusure, con l'enorme spreco che ne consegue, ormai non più tollerabili.

Contiamo infine sulle risorse che possono essere attribuite ai giovani, uomini e donne in formazione, da un sistema di istruzione che fino al più alto livello offra a tutti uguali opportunità di sviluppo della persona, e premi il merito e la dedizione allo studio e al lavoro.

Da tutto ciò le ragioni di una non retorica fiducia nel futuro del nostro paese.

Il nostro futuro tuttavia è legato anche a problemi come quelli che ormai si collocano nel grande scenario dello spazio europeo di libertà, sicurezza e giustizia. Resta assai dura la sfida della lotta contro la criminalità, una presenza aggressiva che ancora tanto pesa sulle possibilità di sviluppo del Mezzogiorno, così come contro le nuove minacce del terrorismo internazionale e interno. Ci dà però fiducia il fatto che lo Stato ha mostrato anche negli ultimi anni di poter contare sull'azione efficace e congiunta della magistratura e delle forze dell'ordine, alle quali tutte – avendo io stesso, da responsabilità di governo, imparato a meglio conoscerne e apprezzarne l'impegno e lo slancio – desidero indirizzare il più vivo nostro riconoscimento.

Certo, i problemi della legalità e della moralità collettiva si presentano ancora aperti in modi inquietanti e anche in ambiti che avremmo sperato ne restassero immuni. Mentre sono purtroppo rimaste critiche le condizioni dell'amministrazione della giustizia, soprattutto sotto il profilo della durata del processo.

E troppe tensioni circondano ancora i rapporti tra politica e giustizia, turbando lo svolgimento di una così alta funzione costituzionale e ferendo la dignità di coloro che sono chiamati ad assolverla. Anche in questo delicatissimo campo, sono esigenze di serenità e di equilibrio, negli stessi necessari processi di riforma, quelle che si avvertono e chiedono di essere soddisfatte.

Seri e complessi sono dunque gli impegni cui debbono far fronte la politica e le istituzioni. L'Italia vive un momento difficile: ma drammatico, non solo difficile, fu il periodo che l'Italia visse negli anni successivi alla fine della guerra e alla Liberazione, dovendo accollarsi un'eredità di terribili distruzioni materiali e morali e superare anche le scosse di un conflitto elettorale e ideale come quello che divise in due il paese nella scelta tra monarchia e repubblica.

Prevalse allora – la prova più alta la diede l'Assemblea Costituente – ed ebbe ragione di tutte le difficoltà il senso della missione nazionale comune: che fu più forte di pur legittimi contrasti ideologici e politici. Così, oggi, il mio appello all'unità non tende a edulcorare una realtà di aspre divergenze soprattutto ai vertici della politica nazionale, ma proprio a sollecitare tra gli italiani un nuovo senso della missione da adempiere per dare slancio e coesione alla nostra società, per assicurare al nostro paese il ruolo che gli spetta in Europa e nel mondo.

Ed è un appello che può forse trovare maggiore rispondenza in quell'Italia profonda, l'Italia delle cento province, l'Italia della fatica quotidiana e della volontà di progredire, che il mio predecessore ha voluto esplorare traendone l'immagine di una concordia di intenti e di opere più salda di quanto comunemente si ritenga.

Considero mio dovere impegnarmi per favorire più pacati confronti tra le forze politiche e più ampie, costruttive convergenze nel paese; ma è un impegno che svolgerò con la necessaria sobrietà e nel rigoroso rispetto dei limiti che segnano il ruolo e i poteri del Presidente della Repubblica nella Costituzione vigente. Un ruolo di garanzia dei valori e degli equilibri costituzionali; un ruolo di moderazione e persuasione morale, che ha per presupposto il senso e il dovere dell'imparzialità nell'esercizio di tutte le funzioni attribuite al Presidente.

Come rappresentante dell'unità nazionale, raccolgo il riferimento ben presente nel messaggio augurale indirizzatomi dal Pontefice Benedetto XVI – al quale rivolgo il mio deferente ringraziamento e saluto – raccolgo il riferimento ai valori umani e cristiani che sono patrimonio del popolo italiano, ben sapendo quale sia stato il profondo rapporto storico tra la cristianità e il farsi dell'Europa. E ne traggo la convinzione che debba laicamente riconoscersi la dimensione sociale e pubblica del fatto religioso, e svilupparsi concretamente la collaborazione, in Italia, tra Stato e Chiesa cattolica in molteplici campi in nome del bene comune.

Nel momento in cui inizia il suo mandato, il Presidente della Repubblica rende omaggio alla Corte Costituzionale, come organo di alta garanzia che da cinquant'anni veglia sul pieno rispetto della nostra legge fondamentale; al Consiglio Superiore della Magistratura, espressione e presidio dell'autonomia e indipendenza di quell'ordine da ogni altro potere; a tutte le amministrazioni pubbliche, a tutti gli organi e i corpi dello

Stato, e in particolare alle forze armate italiane che si distinguono per sempre più alti livelli di moderna professionalità ed efficienza, così come alle diverse e distinte forze preposte con convergente impegno alla tutela del bene essenziale della sicurezza dei cittadini.

Un segno di particolare attenzione va al mondo della scuola e dell'università e a quanti sono chiamati a tenerne alta la funzione educativa. Al mondo dell'informazione va indirizzato un convinto impegno a garantirne la libertà e il pluralismo come condizione imprescindibile di democrazia.

Rivolgo un grato e rispettoso pensiero a tutti i miei predecessori, personalità rappresentative di diverse correnti ideali e tradizioni popolari, ritrovatesi nel primato dei valori essenziali: libertà, giustizia, solidarietà.

Uno speciale ricordo per il primo Presidente della Repubblica Enrico De Nicola, che fu simbolo di pacificazione in un contrastato passaggio storico e al quale fui legato da rapporti di antica amicizia familiare e dal comune impegno, in diverse epoche, a rappresentare in Parlamento la nostra grande, generosa e travagliata città di Napoli.

Signor Presidente, onorevoli parlamentari, signori delegati, mi inchino dinanzi a questa Assemblea nella quale si riconoscono tutti gli italiani, per la prima volta anche quelli che operano all'estero, le cui comunità hanno finalmente voce per far sentire le loro esigenze e attese. Non sarò in alcun momento il Presidente solo della maggioranza che mi ha eletto; avrò attenzione e rispetto per tutti voi, per tutte le posizioni ideali e politiche che esprimete; dedicherò senza risparmio le mie energie all'interesse generale per poter contare sulla fiducia dei rappresentanti del popolo e dei cittadini italiani senza distinzione di parte.

Viva il Parlamento!
Viva la Repubblica!
Viva l'Italia!

Parlando agli italiani

Guardiamo lontano

A voi che mi ascoltate, e a tutti gli italiani, in patria e all'estero, il più cordiale augurio di buon anno.

È un augurio che vi rivolgo per la prima volta da Presidente della Repubblica. Rivivo la lontana emozione del mio incontro con la politica nell'Italia appena rinata alla democrazia. E colgo l'occasione per dirvi dunque brevemente dell'esperienza che sto compiendo da alcuni mesi e dei problemi con cui mi sono misurato.

Mi sono stati già affidati nel passato delicati incarichi nelle istituzioni italiane ed europee. Ma sto ora verificando quanto sia più complessa e impegnativa la responsabilità che la nostra Costituzione attribuisce al Capo dello Stato. Interpretare ed esprimere, con passione civile e con assoluta imparzialità, sentimenti e valori condivisi, esigenze e bisogni che riflettono l'interesse generale del paese. E guardare sempre all'unità nazionale come bene primario da tutelare e consolidare.

A questo più alto incarico sono stato chiamato all'indomani di un voto che ha visto gli elettori dividersi in due parti quasi uguali, tra loro nettamente contrapposte. Le diversità, anche radicali, degli orientamenti e dei programmi, e quindi l'asprezza dei contrasti, non possono preoccupare perché fanno naturalmente parte della competizione democratica. E non cancellano tutto quel che ci unisce come italiani. Ma forte è il bisogno

Messaggio di fine anno agli italiani. Dal Palazzo del Quirinale, 31 dicembre 2006.

di un clima più sereno e costruttivo. Ho creduto e credo di doverlo dire.

Se la politica diventa un continuo gridare, un gareggiare a chi alza di più i toni, uno scontrarsi su tutto, su ogni questione, in ogni momento, ne soffrono le istituzioni, a cominciare dal Parlamento, e ne soffre il rapporto con i cittadini. Quando nel frastuono generale non si possono nemmeno più cogliere bene le diverse posizioni e proposte, allora molti finiscono per allontanarsi non da questo o quel partito, ma dalla politica.

E invece, attenzione. A chi mi ascolta, e a tutti gli italiani, vorrei dire: non allontanatevi dalla politica. Partecipatevi in tutti i modi possibili, portatevi forze e idee più giovani. Contribuite a rinnovarla, a migliorarla culturalmente e moralmente. Lessi molti anni fa e non ho mai dimenticato le parole della lettera che un condannato a morte della Resistenza, un giovane di diciannove anni, scrisse alla madre: ci hanno fatto credere che «la politica è sporcizia» o è «lavoro di specialisti», e invece «la cosa pubblica siamo noi stessi». Quelle parole sono ancora attuali: non ci si può rinchiudere nel proprio orizzonte personale e privato, solo dalla politica possono venire le scelte generali di cui ha bisogno la collettività, e la partecipazione dei cittadini è indispensabile affinché quelle scelte corrispondano al bene comune.

Ma a questo fine è importante che vi sia più dialogo, più ascolto reciproco, tra gli opposti schieramenti. Non abbracci confusi, ma nemmeno guerre come tra nemici piuttosto che polemiche tra avversari. È questo l'appello che ho rivolto e che continuo testardamente a rivolgere ai protagonisti della vita politica, interpretando, credo, il comune sentire dei cittadini. Quel che auspico è lo stesso clima consolidatosi, nella politica e nelle istituzioni, in grandi paesi democratici. È possibile che ci sia anche da noi, confido che ci si arriverà.

Attraverso un confronto costruttivo si potranno ricercare – e questo, in sostanza, è ciò che preme a tutti noi – le soluzioni migliori ai problemi più gravi del paese. Ne citerò qualcuno che sento di più. Innanzitutto quello di far crescere e progredire l'Italia nel suo insieme. Le difficoltà non sono poche, lo sappiamo: dobbiamo alleggerirci del pesante debito pubblico accumulato nei decenni scorsi, e ciò richiede seri sforzi per dare priorità all'interesse generale. Dobbiamo riuscirci non solo per rispettare i nostri impegni con l'Europa, ma per porre su fondamenta più solide e sane lo sviluppo del nostro paese.

Lo sviluppo, ripeto, dell'insieme del paese. La sua parte più dinamica e competitiva merita la massima attenzione per il ruolo trainante che svolge, ma neppure essa può crescere per proprio conto, con le sue sole forze. È indispensabile una visione unitaria e solidale: non si può fare a meno del grande potenziale rappresentato dal Mezzogiorno, occorre metterlo a frutto con politiche incisive e coraggiose.

E per fortuna, l'Italia non è ferma. Ha già ripreso a crescere, col contributo determinante di imprenditori che hanno imboccato la strada dell'innovazione e del rischio nel mercato globale; e insieme di tecnici e lavoratori qualificati e aperti al cambiamento, consapevoli che è il momento di premiare il merito. Bisogna incoraggiare gli uni e gli altri: guardando con particolare sensibilità a chi lavora in condizioni pesanti e per salari inadeguati, a cominciare dagli operai dell'industria. E non si può tollerare la minaccia e la frequenza degli infortuni cui è esposta la sicurezza, e addirittura la vita, di troppi occupati, specie di chi, italiano o immigrato, lavora in nero.

L'occupazione è in aumento. Ma c'è da creare ancora lavoro per molti giovani e donne, specialmente nel Sud: lavoro alla luce del sole e pienamente riconosciuto nei suoi diritti. È questa una delle condizioni principali per realizzare una maggiore coesione sociale e civile, e in particolare per combattere fenomeni di disgregazione e criminalità nelle regioni più difficili.

Più coesione significa anche più equità, meno disparità nei redditi e nelle condizioni di vita, più vicinanza e sostegno per le persone e le famiglie che versano – e sono tante – in penose ristrettezze e per quelle che sono provate da sofferenze di ogni natura. Più coesione significa inoltre uno sforzo maggiore per integrare nel sistema dei nostri principî e precetti costituzionali, senza discriminarli o tenerli ai margini, gli stranieri di cui l'Italia oggi ha certamente bisogno, e di cui è stato ed è giusto regolare l'ingresso legale nel nostro paese.

Una società più giusta, libera e aperta può anche essere più sicura, attraverso il richiamo severo, che non deve mancare, al rispetto delle leggi, delle regole, dei doveri. È a questo impegno che presiedono con grande dedizione, negli ambiti di rispettiva competenza, le forze dell'ordine, e la magistratura, alla quale spetta anche contribuire a un più lineare e rapido corso della giustizia.

Sono queste le basi da rafforzare per un nuovo sviluppo del nostro paese, che è possibile e non dipende solo da chi ha responsabilità di governo ma dall'iniziativa e dal contributo di molti. E ci dà fiducia la ricchezza delle risorse umane di cui disponiamo: risorse come quelle della scuola e della ricerca, ingegno creativo e produttivo, e insieme sensibilità e solidarietà diffuse, che si esprimono con forza crescente in tante forme, a cominciare dal volontariato, quello delle ragazze e dei ragazzi del Servizio civile che ho da poco incontrato, e quello dell'associazionismo laico e religioso.

E alla vigilia dell'Anno europeo delle pari opportunità voglio sottolineare come in Italia tra le riserve preziose su cui contare ci sia quella, ancora così poco valorizzata, dei talenti e delle energie femminili.

Vedete, ho conosciuto e ascoltato un mese fa a Napoli due donne. La prima, madre di un ragazzo che si stava perdendo nelle trappole della malavita, ci ha raccontato come abbia combattuto per salvarlo, per recuperarlo alla scuola e come ci sia riuscita con l'aiuto della scuola. La seconda, una giovane che ha studiato con successo giungendo alla laurea e al dottorato, lavora ora a un progetto avanzato di ricerca genetica, per mille euro al mese, e si considera fortunata, con un contratto che scade nel maggio prossimo, ma «non ci penso – ha detto – perché ho un lavoro bellissimo».

Ecco, due casi così diversi: ma che ci dicono entrambi quale forza morale anima tante donne e può diventare fattore essenziale di progresso civile e di crescita dell'economia e della società. In particolare, gli incontri che ho ricordato mi hanno dato ancor più fiducia nell'avvenire di Napoli: è, come sapete, la mia città, ma penso sia cara a tutti gli italiani.

Per raccogliere le energie di cui è ricca la società italiana, indirizzarne e soddisfarne responsabilmente le domande, contrastando particolarismi e chiusure egoistiche, la politica ha bisogno di istituzioni più riconosciute e più forti. Si trovi dunque l'intesa per riformarle, senza toccare il patrimonio dei grandi valori e indirizzi costituzionali. Si concordino con realismo e misura quelle riforme che possono rendere più chiaro e coerente il ruolo delle autonomie regionali e locali, più efficace nelle sue decisioni il Parlamento nazionale, supremo fondamento della democrazia repubblicana. E si ricerchi pazientemente l'accordo su meccanismi elettorali che rendano più lineare e sicura la formazione delle maggioranze chiamate a governare il paese.

Infine, la politica deve guardare non solo all'Italia d'oggi, ma al mondo e al suo futuro.

Abbiamo costruito e consolidato la pace nel cuore dell'Europa, ma non c'è ancora pace oltre i suoi confini. In questo momento tragici bagliori ci giungono ancora dall'Iraq. Sentiamo come minaccia comune le guerre che sconvolgono il Medio Oriente, che insieme con la fame e le malattie attraversano e flagellano l'Africa, da ultimo ancora una volta in Somalia, e che toccano ancora altre regioni.

La comunità internazionale, e in particolare l'Europa e l'Italia, non possono assistere inerti a questi conflitti, o al rischio della proliferazione nucleare; sono tenute a fare la loro parte per promuovere pace, stabilità, disarmo, sviluppo, per sostenere ovunque la causa dei diritti umani. Perciò è giusto intensificare le iniziative di cooperazione internazionale e partecipare alle missioni delle Nazioni Unite e dell'Unione Europea in aree di crisi, come quella da poco iniziata in Libano. Ed è importante farlo con la carica di professionalità e umanità che contraddistingue le nostre forze armate, alle quali anche questa sera esprimo la nostra riconoscenza.

Ci sono state decisioni, come quella sull'ultima missione, prese in Parlamento a larghissima maggioranza: ecco un esempio positivo di intesa tra opposte parti politiche.

Il fenomeno delle crisi più gravi e delle guerre in diverse parti del mondo si intreccia col fenomeno del terrorismo internazionale, portando in sé il pericolo dei fanatismi, delle contrapposizioni radicali, degli scontri di civiltà. Non possiamo dimenticare quel che l'Italia ha pagato per il terrorismo di casa nostra, per quel delirio di violenza e per quelle vite stroncate, alla cui memoria dobbiamo ancora rendere omaggio. Ebbene, ci opponiamo con eguale fermezza al terrorismo di matrice fondamentalista che non conosce frontiere. Esso non rappresenta ma divide e minaccia innanzitutto lo stesso Islam. In quanto a noi, perseguiamo non lo scontro ma il dialogo tra le culture e tra le religioni.

Nell'attuale, contraddittorio quadro mondiale un grande contributo positivo può venire dall'Europa. È una convinzione, ed è un'aspettativa, che ho sentito esprimere dai Capi di Stato e dalle personalità rappresentative di numerosi paesi, di diversi continenti che ho incontrato in questi mesi. Occorre perciò superare resistenze e difficoltà che impediscono una più forte unità e azione europea. Lo diciamo sapendo che anche l'Italia conterà nel mondo che si trasforma sotto i nostri occhi solo se conterà di più l'Europa.

Su questi grandi temi – la pace, in Terra Santa innanzitutto, tra israeliani e palestinesi; il dialogo con altre civiltà e altre fedi, nella distinzione e nel reciproco rispetto; il ruolo dell'Europa – colgo una profonda sintonia con la Chiesa cattolica, con le sue espressioni di base, con le sue voci più alte. Ne ho tratto conferma dall'aperto e cordiale colloquio del 20 novembre con Papa Benedetto XVI, al quale invio di qui il mio saluto beneaugurante. C'è sintonia nel sollecitare un più giusto ordine mondiale, un modello di sviluppo globale diverso e più sobrio, di fronte a un ormai inquietante degrado dell'ambiente, che minaccia la stessa sopravvivenza umana.

Nel discorso indirizzatomi in occasione di quell'incontro, il Pontefice ha voluto richiamare ripetutamente i principî e i valori affermati nella Costituzione italiana. È mia convinzione che sia in effetti questo il riferimento essenziale per affrontare nel modo migliore anche i temi più delicati che oggi ci vengono proposti dagli sviluppi della scienza e dall'etica, da complesse situazioni sociali e da dolorosi casi umani come quelli che ci hanno di recente turbato e coinvolto. Alle scelte di cui si riconosca la necessità, il Parlamento può giungere nella sua autonomia attraverso un dialogo sulla vita e un confronto sulla realtà della famiglia che portino chiarezza ed evitino fratture.

In conclusione, le questioni che si profilano in ogni campo all'inizio del nuovo anno richiedono un impegno di più pacata e costruttiva riflessione, un maggior senso del limite e della responsabilità. È così che potranno essere superate molte difficoltà, rispetto alle quali un paese come il nostro deve e può avere fiducia in se stesso. È un paese nel quale antiche e profonde sono le radici della civiltà dell'Europa e dell'Occidente. È un paese che può far leva tanto sulla sua storia quanto sul suo dinamismo, sulla sua capacità di rinnovarsi e migliorarsi.

È questo il saluto di buon anno che rivolgo dunque a voi tutti, alle vostre famiglie, e in modo particolarmente affettuoso – anche da nonno, se mi permettete – ai bambini che vi circondano. Ne incontro molti, al Quirinale e nelle città: e sono sempre fonte fresca di gioia e di speranza. È pensando a loro che dobbiamo guardare lontano, guardare consapevolmente al futuro.

L'occasione delle riforme

A voi che mi ascoltate, e a tutti gli italiani, in patria e all'estero, sento di dovere una risposta, insieme con il più sincero, cordiale augurio. Una risposta alla domanda che più ci inquieta: come dobbiamo guardare all'anno che sta per iniziare, con quali preoccupazioni e con quali motivi di speranza e di fiducia? È una domanda non facile, alla quale vorrei provarmi a rispondere partendo da quel che dell'Italia ho visto e ho potuto intendere lungo tutto il 2007, attraverso un gran numero di visite e di incontri.

Ho visto, dal Sud al Nord – la mia più recente, intensa tappa è stata Milano – aspetti eloquenti dell'Italia che vuole crescere, divenire più moderna e più giusta, e che sa come per non perdere terreno in Europa e nel mondo debba vincere competizioni e sfide difficili. Ho colto – nelle situazioni più diverse, anche se non dovunque nella stessa misura – segni concreti di dinamismo e di capacità innovativa, prendendo visione di realizzazioni e progetti audaci. Mi si è presentata in questa luce la realtà dell'economia, delle imprese e del lavoro produttivo; e la realtà di istituzioni indubbiamente vitali. Ho visitato, in particolare, istituti di ricerca e di alta formazione che possono ben vantare il titolo di centri di eccellenza.

Questi sono fatti, e sono motivi di fiducia nell'avvenire dell'Italia: il problema sta nel come valorizzare e

Messaggio di fine anno agli italiani. Dal Palazzo del Quirinale, 31 dicembre 2007.

incoraggiare dovunque nel paese questo dinamismo, nel come trasmettere questi impulsi all'intero sistema Italia, puntando sull'innovazione e sul merito, privilegiando fortemente l'istruzione, così da giungere via via a un più alto tasso di crescita, a una crescita più sostenuta e generale, in cui sia pienamente coinvolto il Mezzogiorno. Se questo è il problema, con esso deve misurarsi la politica – governo e istituzioni rappresentative a ogni livello – ma debbono misurarsi nello stesso tempo tutte le forze sociali e culturali. Non c'è da abbandonarsi alla sfiducia, ma da proporre, decidere, operare. E c'è da proporre soluzioni innanzitutto di fronte all'allarme per l'aumento del costo della vita, che la parte più povera e disagiata della popolazione può sempre meno reggere e un'altra parte delle famiglie, che conta solo su retribuzioni e redditi insufficienti, regge a costo di seri sacrifici, mai abbastanza riconosciuti.

Il malessere sociale è qui, ed è nell'incertezza del lavoro, in special modo nella difficoltà, ancora per troppi giovani nel Sud, a trovare lavoro, nonostante la netta diminuzione del tasso nazionale di disoccupazione. Il malessere è nella insufficiente tutela del lavoro, della vita sul lavoro. Questo è stato e rimane un mio assillo. Mi hanno commosso e scosso le parole di un giovane compagno di lavoro del ventiseienne Rosario, uno degli operai travolti nell'orribile rogo di Torino: «Noi ragazzi che siamo cresciuti insieme a lui da quando avevamo 14 o 15 anni, se lui lotta per la vita dobbiamo lottare con lui fino alla fine». Gli sono rimasti accanto, poi purtroppo la fine è giunta. E ieri è giunta anche per Giuseppe, altro ventiseienne, ultima delle vittime di una vera e propria inaudita strage. Abbraccio con affetto i loro familiari e la città.

Molti e diversi sono comunque i fatti che smentiscono le rappresentazioni di un'Italia in declino. Un autorevole osservatore straniero – e ce ne sono di attenti e non malevoli – ha di recente indicato un punto di forza del nostro paese – in particolare, la chiave del forte successo, in questo periodo, delle nostre esportazioni – nella cultura della creatività, che deve far considerare grande il potenziale delle nostre imprese e del nostro lavoro. E in questo nuovo esprimersi della creatività italiana rivive la forza di una tradizione, di un patrimonio e di una sensibilità cui dobbiamo dedicare ben maggiore attenzione. Dovunque mi sia recato in visita quest'anno, in Europa e fuori d'Europa, ho constatato quanto grande sia la forza d'attrazione del nostro patrimonio storico-artistico e culturale, antico e moderno. Un patrimonio che parte da lontano, come ci dice in questo momento la straordinaria mostra delle opere illegalmente sottratte e ora recuperate all'Italia, grazie a un esemplare sforzo congiunto delle istituzioni e dei corpi dello Stato.

È una mostra ospitata al Quirinale. Perché questo Palazzo, senza eguali al mondo, è – permettetemi di sottolinearlo – tra i luoghi più rappresentativi della storia e della creatività italiana, ed è aperto a tutti gli italiani, che in diverse centinaia di migliaia l'hanno visitato nel corso del 2007.

Qui abbiamo accolto anche tante rappresentanze dell'Italia più operosa e generosa. E dell'Italia che soffre, che lotta contro le sofferenze e sostiene l'impegno a combatterle. Mi ha molto colpito l'incontro che abbiamo avuto in Quirinale in occasione della Giornata dedicata alle persone con disabilità: abbiamo visto queste persone non rassegnate, impegnate a esprimere una speranza attiva realizzando al meglio se stesse grazie a una splendida rete di solidarietà. E ciò ci dice che grande è anche il potenziale umano e morale di cui l'Italia dispone.

Vi sto parlando poco di quel che accade nella sfera della politica e delle istituzioni. Ma non certo perché non sia importante: piuttosto, perché vorrei richiamare l'attenzione su quel che di più ampio vive e conta nel paese, sulle realtà e sulle responsabilità che non possono ridursi alla sfera della politica. Siamo poi in un momento in cui molto si discute sul bilancio di attività del governo e sulle critiche e richieste dell'opposizione: se ne discute in libertà e con asprezza, e non possono esserci interferenze da parte mia, in nessun senso.

Posso solo dire che per consolidare e generalizzare tutti i fenomeni e fermenti positivi che ho richiamato, per mettere a frutto le potenzialità su cui l'Italia può contare, è comunque indispensabile che si adottino alcune riforme in campo istituzionale e che si crei un nuovo, più costruttivo clima politico, fondato su una effettiva legittimazione reciproca. Mi sono speso a tal fine sin dall'inizio del mio mandato, e insisterò nelle mie sollecitazioni e nei miei appelli: ora che uno spiraglio di dialogo si è aperto, con il contributo di entrambi gli schieramenti politici, specie sulla riforma elettorale, occorre assolutamente evitare che l'occasione vada perduta. Quali siano le condizioni, da un lato, per la continuità dell'azione di governo, e dall'altro, per un esito positivo del confronto sulle riforme, lo si vedrà presto in Parlamento.

Torno ora su considerazioni che si rivolgono a voi tutti, a noi tutti come italiani. Possiamo avere più fiducia in noi stessi, ma dobbiamo essere più esigenti verso noi stessi. Ci preoccupano giustamente l'insicurezza e la criminalità; ci preoccupano difficoltà e fenomeni legati a un'immigrazione in rapida crescita. Non si possono tuttavia ignorare i risultati ottenuti colpendo i vertici delle organizzazioni mafiose, o conseguendo una diminuzione di vari tipi di reato: si tratta di risultati di cui va dato merito alla magistratura e alle forze dell'ordine, apprezzandone l'impegno sempre rischioso e garantendo loro mezzi adeguati. Ma quel che più conta, perché ciascuno possa fare la sua parte, è liberarsi dalle paure che non fanno ragionare e dai particolarismi che non fanno decidere. La paura può far dimenticare i limiti e i diritti da rispettare nell'azione che va condotta a tutela della sicurezza dei cittadini; la paura può far degenerare la fondata richiesta dell'osservanza della legge e delle regole da parte degli immigrati in minaccia inammissibile di violazione della libertà di culto per tutte le confessioni religiose e della dignità di quanti, provenienti da paesi lontani e vicini, operano nel nostro paese soddisfacendone esigenze e domande concrete.

Paure irragionevoli e particolarismi, politici o localistici, emergono in troppi casi: impedendo, ad esempio, la soluzione del sempre più allarmante problema dei rifiuti in Campania, con grave danno per le condizioni e per l'immagine di una città e di una regione nelle quali invece non mancano energie positive, realtà nuove e iniziative di qualità.

Essere esigenti verso noi stessi significa impegnarci a dare prove effettive di senso civico, dalle più semplici alle più impegnative, come quelle offerte dal coraggioso esporsi degli imprenditori siciliani contro "pizzo" e mafia; a dare prove di consapevolezza dell'interesse generale, contribuendo, ad esempio, alla salvaguardia dell'ambiente, alla tutela del territorio e del paesaggio, insidiati da nuove spinte speculative. L'interesse generale esige rispetto reciproco tra le istituzioni, ancora una volta, e più che mai, rispetto ed equilibrio tra politica e magistratura, fiducia in tutte le istituzioni di garanzia.

L'interesse generale esige un pieno sostegno all'azione internazionale dell'Italia, al suo impegno, innanzitutto, nell'Unione Europea per favorirne il rilancio e l'iniziativa comune sui temi cruciali della pace e della sicurezza internazionale. Qualche settimana fa, portando negli Stati Uniti la voce unitaria del nostro paese, la conferma di una collocazione internazionale dell'Italia largamente condivisa, ho potuto verificare come il nostro maggiore storico alleato apprezzi i contributi e gli sforzi dell'Italia e dell'Europa in un mondo drammaticamente percorso, ancora in questi giorni, dall'aggressività del terrorismo e da una molteplicità di mutamenti e sfide globali e di gravi tensioni. In questo momento, siamo perciò più che mai vicini e grati alle migliaia di nostri militari che affrontano l'estremo rischio quotidiano – rendo commosso omaggio a quanti hanno anche di recente sacrificato la vita in queste missioni – e insieme affrontano la fatica dell'impegno umanitario, in aree tra le più critiche di questo mondo. Lo fanno, lo facciamo nello spirito della Costituzione repubblicana.

Ecco, vedete, ricorre da domani il sessantesimo anniversario della nostra Carta fondamentale: proprio nel proporci di rivederne alcune regole, relative all'ordinamento della Repubblica, dobbiamo risolutamente ancorarci ai suoi principî, anche e non da ultimo ai suoi valori morali, e in special modo a quei suoi indirizzi che non vediamo abbastanza perseguiti e tradotti in atto.

Ciò vale per quell'indirizzo di tutela del lavoro che ho già evocato; o per quell'indirizzo di pari opportunità, in primo luogo tra uomo e donna, che si è venuto solo parzialmente attuando; o ancora per un indirizzo, quale è stato anni fa riformulato, di nuovo equilibrio tra le istituzioni centrali e quelle regionali e locali. Né meno attuale è l'indirizzo costituzionale di garanzia della libertà religiosa, di reciproca indipendenza e di collaborazione tra Stato e Chiesa, che richiede un misurato e schietto confronto tra l'Italia e la Santa Sede, com'è nei voti – ne sono certo – del Pontefice Benedetto XVI, cui rinnovo un sincero augurio.

A voi che mi ascoltate, e a quanti sono in queste ore raccolti con le loro famiglie, auguro un anno sereno, per difficile che sia. È un augurio che si ispira a sentimenti e ragioni di fiducia nell'Italia, perché cresca e migliori, guardando soprattutto alle generazioni più giovani e a quelle che verranno.

Dalla crisi esca un paese migliore

Questa vigilia del nuovo anno è dominata, nell'animo di ciascuno di noi, dallo sgomento per le notizie e le immagini che ci giungono dal cuore del Medio Oriente. Si è riaccesa in quella terra una tragica spirale di violenza e di guerra. Una spirale che va fermata. Lo chiedono l'Italia, l'Unione Europea, le Nazioni Unite, il Pontefice: sentiamo oggi, mentre vi parlo, che questo è il nostro primo dovere, riaprire la strada della pace in una regione tormentata da così lungo tempo.

Parto di qui per rivolgere il mio tradizionale messaggio di auguri a voi tutti, italiani di ogni generazione e di ogni condizione sociale, residenti nel nostro paese e all'estero – ai servitori dello Stato, ai civili e ai religiosi operanti per il bene della comunità, alle forze dell'ordine e alle forze armate, e con speciale calore e riconoscenza ai nostri militari impegnati in missioni difficili e rischiose per garantire la pace e sradicare il terrorismo nelle regioni più critiche. Nel rivolgervi questo augurio, non ignoro la forte preoccupazione che ci accomuna nel guardare all'anno che sta per iniziare. Un anno che si preannuncia più difficile, e che ci impegna a prove più ardue, rispetto alle esperienze vissute da molto tempo a questa parte.

Nel corso del 2008 è scoppiata negli Stati Uniti d'America una sconvolgente crisi finanziaria, che ha investito molti altri paesi, anche in Europa, e che sta colpendo l'intera economia mondiale. Dobbiamo guar-

Messaggio di fine anno agli italiani. Dal Palazzo del Quirinale, 31 dicembre 2008.

dare in faccia ai pericoli cui è esposta la società italiana, senza sottovalutarne la gravità: ma senza lasciarcene impaurire. L'unica cosa di cui aver paura è la paura stessa. Vorrei in sostanza parlare questa sera con voi il linguaggio della verità, che non induce al pessimismo ma sollecita a reagire con coraggio e lungimiranza.

Sono convinto che possiamo limitare le conseguenze economiche e sociali della crisi mondiale per l'Italia, e creare anzi le premesse di un migliore futuro, se facciamo leva sui punti di forza e sulle più vive energie di cui disponiamo. A condizione che non esitiamo ad affrontare decisamente le debolezze del nostro sistema, le insufficienze e i problemi che ci portiamo dietro da troppo tempo. Facciamo della crisi un'occasione per liberarcene, guardando innanzitutto all'assetto delle nostre istituzioni, al modo di essere della pubblica amministrazione, al modo di operare dell'amministrazione della giustizia.

C'è ragione di essere seriamente preoccupati per l'occupazione, per le condizioni di chi lavora e di chi cerca lavoro, e per le famiglie più bisognose. E c'è da esserne preoccupati in special modo guardando al Mezzogiorno, che non ha fatto i passi avanti necessari e rischia di essere più di altre parti del paese colpito dalla crisi, se non vi si dedica l'impegno che ho di recente sollecitato con forza.

L'occupazione in Italia è, da diversi anni, cresciuta. Ma ora è a rischio. Mi sento perciò vicino ai lavoratori che temono per la sorte delle loro aziende e che potranno tutt'al più contare sulla Cassa Integrazione, così come ai giovani precari che vedono con allarme avvicinarsi la scadenza dei loro contratti, temendo di restare privi di ogni tutela. Parti sociali, Governo e Parlamento dovranno farsi carico di questa drammatica urgenza, con misure efficaci, ispirate a equità e solidarietà.

Mi sento, egualmente, vicino alle famiglie, specie a quelle numerose, o che comunque fanno affidamento su un solo reddito, sulle quali pesa la difficoltà per le donne di trovare lavoro, e che non hanno abbastanza per soddisfare bisogni fondamentali: e quelli che ne soffrono di più sono i bambini.

Hanno fatto scalpore nei giorni scorsi le statistiche ufficiali sulla povertà in Italia: ed è parola che esitiamo a pronunciare, è realtà non semplice da definire e da misurare. Sono comunque troppe le persone e le famiglie che stanno male, e bisogna evitare che l'anno prossimo siano ancora di più o stiano ancora peggio.

Dalla crisi deve, e può, uscire un'Italia più giusta. Facciamo della crisi un'occasione per impegnarci a ridurre le sempre più acute disparità che si sono determinate nei redditi e nelle condizioni di vita; per riformare un sistema di protezione sociale squilibrato e carente; per elevare, a favore dei figli delle famiglie più modeste, le possibilità di istruzione fin dai primi anni e di ascesa nella scala sociale.

Ci sono stati in questi mesi dibattito e confronto in Europa e in Italia sui temi del clima e dell'energia, sui temi dell'innovazione necessaria e possibile. Lo sforzo che in questo momento va compiuto per sostenere le imprese – grandi, medie e piccole – che sono in difficoltà pur essendosi mostrate capaci di ristrutturarsi e di competere, non può essere separato dall'impegno a promuovere indirizzi nuovi per lo sviluppo futuro dell'attività produttiva in Italia. Vanno in particolare colte le opportunità offerte dalle tecnologie più avanzate per l'energia e per l'ambiente. Facciamo della crisi l'occasione per rinnovare la nostra economia, e insieme con essa anche stili di vita diffusi, poco sensibili a valori di sobrietà e lungimiranza.

Ho, nel corso di quest'anno, levato più volte la mia voce per sollecitare attenzione verso le esigenze del sistema formativo, del mondo della ricerca, e delle università che ne rappresentano un presidio fondamentale. È indispensabile, per il nostro futuro, un forte impegno in questa direzione, operando le scelte di razionalizzazione e di riforma che s'impongono sia per ottenere risultati di qualità sia per impiegare in modo produttivo le risorse pubbliche. A ciò deve tendere un confronto aperto e costruttivo, al quale può venire un valido apporto anche dalle rappresentanze studentesche, come ho avuto modo di constatare in diverse città universitarie, da Roma a Milano a Padova. Facciamo della crisi un'occasione perché l'Italia cresca come società basata sulla conoscenza, sulla piena valorizzazione del nostro patrimonio culturale e del nostro capitale umano.

Spero di aver dato, almeno per qualche aspetto, il senso dell'atteggiamento da tenere dinanzi alla pesante crisi che si farà sentire anche in Italia nell'anno che ora inizia.

Non spetta a me indicare quali decisioni vadano prese in via immediata. Il governo è intervenuto innanzitutto per porre il nostro sistema bancario, che pure è apparso meno esposto, al riparo da rischi gravi, e si sta confrontando con ulteriori esigenze di intervento, sul versante economico e sul versante sociale. In seno al Parlamento – la cui capacità di giudizio e di proposta resta fondamentale nel nostro sistema democratico – tocca a ognuno fare la sua parte, in un clima di reciproco ascolto e senza pregiudiziali chiusure.

Nel far fronte alla crisi, l'Italia non agisce da sola. Agisce come parte di quella Europa unita che si conferma come non mai un punto di riferimento essenziale: e siamo orgogliosi di avere concorso con tenacia e coerenza a costruirla. Tuttavia, l'Italia è condizionata nelle sue scelte dal peso dell'ingente debito pubblico accumulato nel passato, e nessuno può dimenticarsene nell'affrontare qualsiasi problema.

Dobbiamo considerare la crisi come grande prova e occasione per aprire al paese nuove prospettive di sviluppo, ristabilendo trasparenza e rigore nell'uso del danaro pubblico.

È una grande prova e occasione non solo per l'Italia. La portata della crisi è tale da richiedere imperiosamente il massimo sforzo di concertazione tra i protagonisti dell'economia mondiale, per definire nuove regole capaci di assicurare uno sviluppo sostenibile, ponendo fine alla frenesia finanziaria che ha provocato stravolgimenti e conseguenze così gravi. Il mondo in cui viviamo è uno, e come tale va governato.

Per l'Italia, la prova più alta – in cui si riassumono tutte le altre – è quella della nostra capacità di unire le forze, di ritrovare quel senso di un comune destino e quello slancio di coesione nazionale che in altri momenti cruciali della nostra storia abbiamo saputo esprimere. Ci riuscimmo quando dovemmo fare i conti con la terribile eredità della Seconda guerra mondiale: potemmo così ricostruire il paese, far rinascere la democrazia, stipulare concordemente quel patto costituzionale che è ancora vivo e operante sessant'anni dopo, creare le condizioni di quella lunga stagione di sviluppo economico e civile che ha trasformato l'Italia. E ci riuscimmo ancora quando più tardi sconfiggemmo il terrorismo.

Dobbiamo riuscirci anche ora, a partire dall'anno carico di incognite che ci attende. Ed è una prova non solo per le forze politiche, anche se è essenziale che queste escano da una logica di scontro sempre più sterile. Esse possono guadagnare fiducia solo mostrandosi aperte all'esigenza di un impegno comune, ed esprimendo un nuovo costume, ispirato davvero e solo all'interesse pubblico. È una crisi senza precedenti come quella attuale che chiama ormai a un serio sforzo di corresponsabilità tra maggioranza e opposizione in Parlamento, per giungere alle riforme che già sono all'ordine del giorno e che vanno condivise.

Tutto ciò è importante e tuttavia non basta. Sono chiamate alla prova tutte le componenti della nostra società, l'insieme dei cittadini che ne animano il movimento, in una parola l'intera collettività nazionale.

Questo è lecito attendersi dalle generazioni che oggi ne costituiscono la spina dorsale: un'autentica reazione vitale come negli anni più critici per il paese.

Lo spirito del mio messaggio – italiane e italiani – corrisponde alla missione che i padri della Costituzione vollero affidare al Presidente della Repubblica: unire gli italiani, tenendosi fuori dalla competizione tra le opposte parti politiche, rappresentando, col massimo scrupolo di imparzialità e indipendenza, i valori in cui possono riconoscersi tutti i cittadini. I valori costituzionali, nella loro essenza ideale e morale. Il valore, sopra ogni altro, dell'unità nazionale. I valori della libertà, dell'uguaglianza di diritti, della solidarietà in tutte le necessarie forme ed espressioni, del rispetto dei ruoli e delle garanzie che regolano la vita delle istituzioni.

Sento che questo è il mio dovere, questa è la mia responsabilità. E vi ringrazio per le manifestazioni di simpatia e di fiducia, per gli schietti e significativi messaggi che mi giungono da tanti di voi: mi confortano e mi spronano.

A voi che mi ascoltate, a tutti gli italiani, a tutti coloro che venendo da lontano operano in Italia nel rispetto delle regole e meritano il pieno rispetto dei loro diritti, un augurio più che mai caloroso e forte per l'anno che nasce. Per difficile che possa essere, lo vivremo con animo solidale, fermo, fiducioso.

La Storia

Per i caduti di Cefalonia

Rendo nuovamente omaggio, qui a Cefalonia – raccogliendo l'ispirazione del mio predecessore Carlo Azeglio Ciampi – ai combattenti e ai caduti della Divisione Acqui. E lo faccio nel giorno in cui si celebra in Italia la Festa della Liberazione. È la festa di tutti gli italiani. Volli dirlo in Parlamento, nel momento d'inizio del mio mandato: «Ci si può ritrovare – senza riaprire le ferite del passato – nel rispetto di tutte le vittime e nell'omaggio non rituale alla liberazione dal nazifascismo come riconquista dell'indipendenza e della dignità della patria».

E proprio perché il 25 aprile sia riconosciuto e sentito come festa di tutti gli italiani, è importante dare il giusto posto – nella memoria storica e nella coscienza comune – alle diverse tappe e alle molteplici componenti del processo di maturazione e di lotta che sfociò nell'approdo glorioso di una liberazione piena del nostro paese e del nostro popolo. Tra quelle componenti, fu certamente essenziale l'apporto delle formazioni partigiane, nelle montagne e nelle città, con un vasto sostegno di solidarietà popolare, che si espresse tra l'altro nell'appoggio spontaneo ai giovani che si rifiutavano di subire la chiamata alle armi con la Repubblica di Salò, agli ebrei che cercavano di sfuggire a un destino di morte, e anche a molti militari alleati

Discorso celebrativo del 62° anniversario della Liberazione. Cefalonia, Monumento ai Caduti della Divisione Acqui, 25 aprile 2007.

fuggiti dai campi di prigionia che spesso si univano alle unità dei combattenti della libertà.

Ma, accanto al decisivo apporto delle formazioni partigiane, fu altamente significativo e obbiettivamente importante il contributo sia dei militari chiamati a repentine, durissime prove all'indomani dell'armistizio dell'8 settembre 1943, sia degli ufficiali e dei soldati che si unirono ai partigiani rafforzandone la capacità di combattimento, sia delle nuove forze armate che si raccolsero nel Corpo Italiano di Liberazione. Questo multiforme contributo, a lungo sottovalutato, è ormai iscritto a pieno titolo nella storia del nostro riscatto nazionale. E di esso fu parte singolare e rilevante – per molto tempo quasi ignorata – la resistenza di centinaia di migliaia di militari italiani internati in Germania nei campi di concentramento, che respinsero, in schiacciante maggioranza, l'invito a tornare in Italia aderendo al regime repubblichino.

È dunque questa più comprensiva visione del percorso che condusse l'Italia dal crollo dell'8 settembre 1943 all'insurrezione del 25 aprile 1945, che può favorire un effettivo riconoscimento unitario, oggi nel nostro paese, del valore della festa che ovunque celebriamo.

Ecco il contesto nel quale si colloca – signor Presidente della Repubblica Ellenica – la cerimonia che abbiamo promosso a Cefalonia. È una cerimonia – desidero sottolinearlo, esprimendole gratitudine per aver voluto parteciparvi – che noi intendiamo dedicare anche all'amica Grecia, così dolorosamente ferita nella Seconda guerra mondiale dalle aggressioni fascista e nazista e dall'occupazione straniera, e quindi pur essa impegnatasi a combattere per liberarsi e per conquistare il ruolo che le spettava nella costruzione di una nuova Europa unita nella pace e nella democrazia.

Nella vicenda di Cefalonia si rispecchiò interamente la tragedia delle giornate seguite all'8 settembre, le quali segnarono – come scrisse un grande intellettuale, combattente e caduto per la libertà, Giaime Pintor – un vero e proprio «disfacimento della compagine italiana». Ne furono responsabili l'ambiguità e l'incapacità di quanti gestirono l'armistizio con le potenze alleate e non garantirono alcuna preparazione e alcuna guida rispetto alla reazione delle forze tedesche. Ne furono vittime innanzitutto i reparti militari italiani, colti alla sprovvista e abbandonati a se stessi, sul territorio nazionale e ancor più nei paesi in cui stazionavano come truppe di occupazione. In quella condizione, che si fece ben presto disperata, si produssero straordinarie manifestazioni di volontà di resistenza contro le pretese tedesche di sopravvento con la violenza e di odiosa umiliazione: a Porta San Paolo a Roma come a Piombino e ad Ascoli e, su più vasta scala, a Cefalonia, a Corfù e in altre isole greche, nei Balcani.

La resistenza della Divisione Acqui a Cefalonia si risolse in lunghi giorni di sanguinosi combattimenti e quindi in un orrendo massacro da parte delle forze tedesche, che erano riuscite a prevalere con il determinante concorso dell'aviazione e ad imporre la resa alle truppe italiane. Di qui l'eco grandissima, che ancora continua, di quella che resta una vicenda senza eguali per il suo feroce, criminale epilogo, tanto da dar luogo a una specifica valutazione e condanna già da parte del Tribunale di Norimberga.

Alessandro Natta, protagonista e analista d'eccezione dell'«altra Resistenza» – come egli la definì in un suo libro – si interrogò sulle «ragioni immediate» della ribellione e della lotta di quei nostri militari, e lo fece senza indulgere a interpretazioni non fondate oggettivamente o ad anticipazioni improprie. Ed è così che ci si deve atteggiare nel ricostruire quegli eventi: si può quindi affermare che se decisive furono la stanchezza di una guerra che il popolo italiano non aveva sentito come sua e dunque l'aspirazione a ritornare a casa, prevalse l'impegno a cercare la via del rimpatrio – come si è più di recente rilevato – nella salvaguardia della sicurezza e della dignità militare.

Rifiuto della capitolazione e della consegna delle armi, crescente insofferenza e reazione antitedesca, senso dell'onore e della dignità anche personale scandirono il comportamento di quegli italiani in divisa. La maturità delle motivazioni ideali e politiche che caratterizzarono la Resistenza in Italia sarebbe venuta più tardi. Ma a Cefalonia si manifestò un impulso egualmente nobilissimo e destinato a dare i suoi frutti. Si può ben cogliere – fuori di ogni mitizzazione – un ponte ideale tra quell'impulso e la successiva maturazione dello spirito della Resistenza.

Molto si continua a scrivere e a discutere sul clima che si creò in seno alla Divisione Acqui, sul modo in cui si giunse alla decisione di affrontare lo scontro con i tedeschi, su errori militari che ne condizionarono l'esito, su responsabilità del comando supremo italiano e su scelte strategiche delle forze angloamericane che resero fatale la sconfitta.

Ma non c'è polemica storiografica o pubblicistica, non c'è disputa sulle cifre o sulle persone, che possa oscurare l'eroismo e il martirio delle migliaia di militari italiani che scelsero di battersi, caddero in combattimento, furono barbaramente trucidati – soldati, ufficiali, generale comandante – dopo la sconfitta e la resa, o portati alla morte in mare, o deportati in Germania. Una simile somma di sacrifici non potrà essere mai dimenticata dall'Italia, non potrà che riceverne sempre il commosso omaggio.

E non potrà mai cancellarsi l'infamia di quell'ordine di Hitler che si tradusse nello sterminio degli italiani ormai prigionieri di guerra, né l'orrore del comportamento di quanti si resero colpevoli dell'esecuzione di quell'ordine. E d'altronde non sono mancate testimonianze della consapevolezza di ciò ormai maturata nella coscienza pubblica della nuova Germania democratica ed europea. È soltanto un assurdo residuo del passato quel recente pronunciamento del magistrato di Monaco, che ha rispolverato l'indegna giustificazione o attenuante – per l'eccidio di Cefalonia – del presunto "tradimento" italiano, assumendo così implicitamente la tesi che l'Italia dovesse restare legata alla catena di un'insensata e servile alleanza e di una già incombente disfatta. Sono peraltro venute poi dalle autorità politiche e giudiziarie della Baviera delle significative precisazioni, nel riconoscimento di come col massacro di Cefalonia fossero state «infrante in modo terrificante e disonorevole le regole del diritto internazionale di guerra» e di come «i soldati italiani fossero rimasti fedeli alle istituzioni nazionali».

Sessantadue anni fa, la conclusione della Guerra di liberazione vide le formazioni partigiane e i reparti delle nostre forze armate, rinate in quella missione, sancire il libero e determinante concorso del popolo italiano alla vittoria alleata sulla Germania nazista e all'abbattimento di quel che era sopravvissuto del regime fascista come appendice dell'occupante tedesco. In questo senso, il 25 aprile rappresentò uno storico punto di arrivo, ma nello stesso tempo esso fu anche e soprattutto un punto di partenza. Si creò cioè la premessa essenziale per la costruzione di una nuova Italia democratica, le cui fondamenta sarebbero state poste nel 1946 dal referendum istituzionale e dalla elezione dell'Assemblea Costituente.

I valori, i princìpi e gli ordinamenti basilari iscritti nella Costituzione repubblicana hanno mostrato la loro efficacia favorendo la ricostruzione economica e sociale del paese, garantendo il più ampio dispiegamento della vita democratica – al di là dell'asprezza delle divisioni ideologiche e politiche – e aprendo la strada a una degna collocazione internazionale dell'Italia nel quadro dell'Organizzazione delle Nazioni Unite e di tutte le istituzioni multilaterali via via sviluppatesi, e soprattutto nella prospettiva originale e feconda dell'integrazione europea. Fu la lungimirante adesione a questa prospettiva, a partire dai primi anni '50 dello scorso secolo, che permise all'Italia, dopo la sconfitta e l'isolamento cui l'aveva condotta la guerra fascista, di recuperare un suo ruolo nella comunità occidentale, e di farsi partecipe di una grande impresa di pace e di collaborazione nel cuore dell'Europa.

Sappiamo che il mondo è profondamente cambiato, non solo rispetto al 1945, ma anche rispetto ai decenni successivi. E tuttavia non hanno perso validità e attualità le grandi motivazioni ideali della Resistenza, e tutte le esperienze attraverso le quali l'Italia seppe rialzarsi dal crollo dell'8 settembre 1943 e farsi protagonista del suo stesso riscatto, della sua stessa liberazione. Resta altamente impegnativo, per il nostro paese e per le sue forze armate, l'obbiettivo della pace, definito in tutti i suoi aspetti nell'Articolo 11 della Costituzione: un obbiettivo che è stato conseguito grazie – voglio ripeterlo – all'integrazione europea, fino ad essere garantito nell'intero continente, ma che va perseguito anche fuori dei confini dell'Europa. Il non assistere inerti ai conflitti che lacerano vaste zone del mondo e investono diverse, cruciali aree di crisi, il fare la nostra parte per la pace e per la sicurezza internazionale sotto la guida delle Nazioni Unite e nell'ambito delle nostre alleanze, significa porsi in coerenza e continuità con il retaggio ideale della Resistenza e con la missione che in essa assunsero i militari italiani.

È su quella missione, è su quel ruolo che abbiamo voluto oggi porre l'accento celebrando a Cefalonia il 25 aprile. Ma è combinando in una visione più ampia tutti gli aspetti, civili e militari, della nostra presenza in difficili e impegnative aree di crisi, ed è rinnovando una solidarietà profonda tra popolo, forze armate e istituzioni democratiche, che noi possiamo raccogliere nel modo più degno l'eredità di dedizione e sacrificio degli uomini della Divisione Acqui e onorare la memoria dei tanti di loro che caddero difendendo la dignità della nazione italiana.

La Festa della Liberazione

Rinnovo innanzitutto l'omaggio appena reso alla memoria dei vostri 1.863 caduti, il cui sacrificio rispecchia l'ampiezza e l'eroismo delle schiere dei combattenti per la libertà nella città di Genova e nel suo entroterra. Desidero nello stesso tempo rivolgere un saluto e un apprezzamento particolare all'Istituto ligure per la storia della Resistenza e dell'età contemporanea e al suo presidente, senatore Raimondo Ricci: un istituto che ha sempre costituito un luogo di incontro e di unità, impegnandosi ad approfondire e trasmettere ricostruzioni obbiettive e non di parte dell'esperienza della Guerra di liberazione. Esso ha continuato – con iniziative anche recenti cui avrò modo di riferirmi – ad alimentare una coscienza storica comune, affidata non a stereotipi ma a conoscenze e valutazioni inoppugnabili.

E sono da ciò confortato nel guardare a questa celebrazione come non rituale e non ripetitiva. Sappiamo quel che significa per l'Italia la data del 25 aprile: essa segna la liberazione piena del paese dalla dittatura e dall'occupazione straniera, la riconquista su tutto il territorio nazionale di una condizione di libertà, unità e indipendenza. Ma dobbiamo ogni volta sentirci impegnati a trasmettere nella sua interezza, a ripercorrere nella sua complessità, l'esperienza vissuta nel drammatico

Discorso celebrativo del 63° anniversario della Liberazione. Genova, Palazzo Ducale, Sala del Maggior Consiglio, 25 aprile 2008.

periodo in cui «l'Italia era tagliata in due»: esperienza tradottasi in una straordinaria prova di riscatto civile e patriottico. Questo fu la Resistenza, dai primi giorni seguiti alla firma dell'armistizio e al crollo dell'8 settembre 1943 fino ai gloriosi momenti conclusivi della liberazione delle nostre città e della nostra terra. Ed essa non può perciò appartenere solo a una parte della nazione, ma deve porsi al centro di uno sforzo volto a «ricomporre, in spirito di verità – come dissi nel mio primo messaggio al Parlamento – la storia della nostra Repubblica». Dobbiamo giungere sempre più decisamente a questa condivisione, a questo comune sentire storico. E credo che in tal senso si siano compiuti nel corso degli anni – da una celebrazione all'altra del 25 aprile – importanti passi avanti, importanti progressi.

Ho, un anno fa, celebrato il 25 aprile a Cefalonia, per rendere commosso omaggio all'eroismo e al martirio delle migliaia di militari italiani, che in quell'isola greca trasformata in roccaforte scelsero di battersi in spirito di fedeltà alla patria italiana, caddero in combattimento, furono barbaramente trucidati dopo la sconfitta e la resa – soldati, ufficiali, generale comandante – o portati alla morte in mare, o deportati in Germania. E ho attribuito un significato speciale al ricordo di quella tragedia, successiva all'8 settembre 1943, che resta la più terribile espressione della rabbia e della ferocia nazista dinanzi alla volontà di riscatto nazionale degli italiani costretti a una innaturale e servile alleanza. Un significato speciale, dicevo, nel senso dell'impegno a cogliere e porre in primo piano una componente della Resistenza che fino a tempi recenti non è stata abbastanza valorizzata. Parlo del contributo dei militari.

Sappiamo tutti quale apporto essenziale venne dalle formazioni partigiane, nelle montagne e nelle città, e da molteplici forme di solidarietà popolare, che si espresse tra l'altro nell'appoggio spontaneo ai giovani che si rifiutavano di subire la chiamata alle armi con la

Repubblica di Salò, agli ebrei che cercavano di sfuggire a un destino di morte, e anche a molti militari alleati fuggiti dai campi di prigionia che spesso si univano alle unità dei combattenti della libertà.

Ma molto importante fu il concorso dei militari, chiamati a repentine, durissime prove all'indomani dell'armistizio, degli ufficiali e dei soldati che si unirono ai partigiani rafforzandone la capacità di combattimento e infine delle nuove forze armate che si raccolsero nel Corpo Italiano di Liberazione. E grande significato ebbe anche la resistenza di centinaia di migliaia di militari italiani internati in Germania nei campi di concentramento, che respinsero, in schiacciante maggioranza, l'invito a tornare in Italia aderendo al regime repubblichino.

A quest'ultima esperienza dedicò un bel libro di memoria storica con il titolo *L'altra resistenza*, un testimone e analista d'eccezione, Alessandro Natta; e mi piace ricordare che presentai proprio io quel libro qui a Genova dieci anni orsono.

Le ragioni, le molle della ribellione e della lotta di tanti nostri militari vanno ricercate senza retorica, se non in una coscienza politica già pienamente maturata, piuttosto nel senso dell'onore e della dignità nazionale e personale, e in un impulso di solidarietà umana e di corpo tra gli appartenenti a reparti militari sottoposti a dure prove comuni.

Più in generale, ci fu solo nel tempo una saldatura tra i giovani e i giovanissimi che ingrossarono le fila della Resistenza e il patrimonio ideale e politico degli uomini dell'antifascismo.

Fu decisiva, e abbracciò tutti, la riscoperta, la riconquista di un senso sicuro della patria. La descrisse così una scrittrice sensibile come Natalia Ginzburg: «Le parole patria e Italia ci apparvero d'un tratto senza aggettivi e così trasformate che ci sembrò di averle udite e pensate per la prima volta. Eravamo lì per difendere la patria, le strade e le piazze delle nostre città, i nostri cari e la nostra infanzia, e tutta la gente che passava».

In quella guerra patriottica, e nella difesa dell'Italia anche nelle sue strutture materiali e nelle sue possibilità di futuro, si univano naturalmente partigiani e militari fedeli ai loro doveri nazionali.

Ho di recente preso visione degli atti del convegno internazionale promosso lo scorso anno dall'Istituto ligure per la storia della Resistenza e dell'età contemporanea. In quel convegno si sono ricostruite le vicende del salvataggio del porto di Genova e di altri scali mediterranei ad opera delle formazioni partigiane. Non c'è bisogno di ricordare come la sera del 25 aprile 1945, a conclusione dell'incontro svoltosi sotto gli auspici del Cardinale Arcivescovo e nella sua ospitale abitazione, il generale Meinhold avesse firmato la resa tedesca nelle mani dei rappresentanti del Comitato di Liberazione Nazionale, presieduto da Remo Scappini. Fu quello un fatto senza eguali, che rimane un grande segno di distinzione e di onore per la Resistenza genovese. «Per la prima volta nella storia di questa guerra – si lesse nell'appello del CLN per la Liguria – un corpo d'esercito si è arreso dinanzi a un popolo». Parole restate sempre care, come ci hanno infine detto anche le sue memorie, a un protagonista dell'insurrezione di Genova, Paolo Emilio Taviani, eminente personalità politica e di governo, che per decenni continuò a testimoniare la pluralità delle ispirazioni ideali della Resistenza.

Tuttavia, anche dopo la firma della resa da parte del generale Meinhold, permaneva il rischio del piano di distruzione dei porti di Genova, Trieste e Fiume, il cosiddetto "Piano Z" da tempo predisposto dai comandi tedeschi. Poi, anche l'ufficiale nazista più determinato a far saltare il porto di Genova fu costretto ad arrendersi ai partigiani.

Quel che mi preme mettere in luce è l'impegno, documentato nello stesso convegno del vostro Istituto, dei rappresentanti della Marina Militare italiana presso l'organizzazione partigiana, il più importante dei quali, il capitano di fregata Kulczycki già comandante in seconda a bordo della corazzata Cavour, aveva dato vita a un organismo, il VAI (Volontari Armati Italiani), che riuniva tutte le forze patriottiche a carattere militare e apolitico, cadendo poi, a Genova, nella mani delle SS e venendo fucilato nel campo di Fossoli. Il nome di questi nostri eroici militari è segnato nell'albo d'oro della Resistenza.

Ricordarli, rendere loro onore, è essenziale per rappresentare la Resistenza nella sua interezza, nell'insieme delle sue componenti, nella ricchezza delle adesioni e partecipazioni che ne garantirono il successo.

Questi sono fatti, non retorica, non mito. Vedete, c'è stato in tempi recenti un gran parlare dell'esigenza di "smitizzare" la Resistenza. Ora, è giusto – proprio per rendere più credibile la valorizzazione della Resistenza – non tacere i suoi limiti, sia o no accettabile che la si presenti come realtà ed esperienza "minoritaria"; ma bisogna ben distinguere quel che è cresciuto come "mito" sulla base di un'analisi oggettiva, al di là della grande onda emotiva della Liberazione, e quello che è stato tutt'altro. E a questo proposito vorrei dire che in realtà c'è stato solo un mito privo di fondamento storico reale e usato in modo fuorviante e nefasto: quello della cosiddetta "Resistenza tradita", che è servito ad avvalorare posizioni ideologiche e strategie pseudorivoluzionarie di rifiuto e rottura dell'ordine democratico-costituzionale scaturito proprio dai valori e dall'impulso della Resistenza.

All'inizio dello scorso decennio, è apparso un saggio storico di non comune impegno e profondità, dovuto a Claudio Pavone, nel quale si sono messi in evidenza i diversi volti della Resistenza, e in particolare, accanto a quello di una guerra patriottica, quello di una «guerra civile». Tale profilo è stato a lungo negato, o considerato con ostilità e reticenza, da parte delle correnti antifasciste. Ma se ne può dare – Pavone lo ha dimostrato – un'analisi ponderata, che non significhi in alcun modo «confondere le due parti in lotta, appiattirle sotto un comune giudizio di condanna o di assoluzione». E questo vale anche per i fenomeni di violenza che caratterizzarono in tutto il suo corso la guerra antipartigiana e da cui non fu indenne la Resistenza, specie alla vigilia e all'indomani della Liberazione. Le ombre della Resistenza non vanno occultate, ma guai a indulgere a false equiparazioni e banali generalizzazioni; anche se a nessun caduto, e ai familiari che ne hanno sofferto la perdita, si può negare rispetto: un rispetto naturalmente maturato, col tempo, sul piano umano. Insomma, è possibile e necessario raccontare la Resistenza, coltivarne la storia, senza sottacere nulla, "smitizzare" quel che c'è da "smitizzare" ma tenendo fermo un limite invalicabile rispetto a qualsiasi forma di denigrazione o svalutazione di quel moto di riscossa e riscatto nazionale cui dobbiamo la riconquista, anche per forza nostra, dell'indipendenza, dignità e libertà della nazione italiana.

E a cui dobbiamo anche il contesto di rispetto della nostra sovranità entro il quale fu elaborata la Costituzione repubblicana. Si guardi alla sorte che toccò ai due paesi che rimasero fino alla sconfitta totale coinvolti nella guerra voluta da Hitler, nell'alleanza guidata dalla Germania nazista. Il percorso di definizione di nuovi assetti istituzionali e costituzionali in Germania fu pesantemente condizionato dalla divisione del paese in due zone di occupazione e di influenza. Quel percorso fu affidato, nella zona occidentale, dai governatori militari delle potenze occupanti ai governi dei *Länder*, e la nuova Legge fondamentale fu approvata da un ristretto e provvisorio Consiglio Parlamentare solo nel maggio del 1949. In Giappone, la revisione costituzionale ebbe per base un progetto ispirato dal generale americano MacArthur, del quale prese addirittura il nome.

In Italia, il progetto di nuova Costituzione democratica venne invece elaborato dall'Assemblea Costituente, eletta a suffragio universale, fu discusso in piena libertà e autonomia di pensiero e approvato a stragrande maggioranza il 22 dicembre 1947. È difficile immaginare quale sarebbe stato il percorso, se l'Italia non avesse trovato in sé la forza per affrancarsi dall'alleanza con la Germania nazista e per prendere il suo posto, grazie al contributo delle sue nuove forze armate e della Resistenza, come cobelligerante nell'alleanza antifascista accanto alle formazioni occidentali che combatterono duramente per liberare il nostro paese.

Le idealità e le aspirazioni dei nostri combattenti per la libertà poterono così tradursi in un essenziale quadro di riferimento per l'elaborazione della Carta costituzionale nell'Italia divenuta Repubblica per volontà di popolo.

Quelle aspirazioni appaiono pienamente recepite nella limpida sintesi dei Principî Fondamentali della Costituzione repubblicana e nell'insieme dei suoi indirizzi e precetti. Ricordiamo i primi dodici Articoli della Carta. Diritti inviolabili dell'uomo e doveri inderogabili di solidarietà; uguaglianza davanti alla legge di tutti i cittadini, senza distinzione di sesso, di razza, di opinioni politiche, di condizioni personali e sociali; rimozione degli ostacoli che impediscono il pieno sviluppo della persona umana; diritto al lavoro; unità e indivisibilità della Repubblica; ripudio della guerra e impegno a promuovere e favorire le organizzazioni internazionali che mirano ad assicurare la pace e la giustizia fra le nazioni – ebbene, non è precisamente questa l'Italia libera, più giusta, aperta al mondo, che i combattenti per la Resistenza sognavano? Sì, possiamo con buoni motivi dire che il messaggio, l'eredità spirituale e morale della Resistenza vive nella Costituzione: in quella Costituzione in cui possono ben riconoscersi anche quanti vissero diversamente gli anni 1943-45, quanti ne hanno una diversa memoria per esperienza personale o per giudizi acquisiti. La Carta costituzionale – di cui stiamo celebrando il sessantesimo anniversario – costituisce infatti la base del nostro vivere comune e della nostra rinnovata identità nazionale. «Nessuna delle forze politiche oggi in campo – desidero ribadire quel che ho detto dinanzi al Parlamento – può rivendicarne in esclusiva l'eredità». È un patrimonio che appartiene a tutti e vincola tutti.

Naturalmente, la Costituzione poteva solo offrire la trama della nuova Italia sperata e invocata a mano a mano che progrediva la Guerra di liberazione, e all'indomani della sua conclusione. Non ne nascevano già definiti nella loro concretezza la società e lo Stato corrispondenti al dettato costituzionale. Dare attuazione a quei principî ha richiesto e richiede un impegno civile, culturale e politico, che non si dà una volta per tutte, che va sempre rinnovato e fatto rivivere, con l'apporto essenziale delle nuove generazioni. Impegno e apporto che possono essere sollecitati dal sempre più significativo collocarsi della nostra Carta e del nostro patrimonio costituzionale nel grande quadro del processo di costruzione dell'Europa unita.

Contano nella nostra Carta – a sessant'anni dalla sua entrata in vigore – non solo i principî, i diritti e i doveri, ma le istituzioni. Queste sono certamente perfettibili e riformabili rispetto al disegno che ne fu definito nel 1946-47, ma esse costituiscono, nell'essenziale, pilastri insostituibili dello Stato di diritto e della democrazia repubblicana: il Parlamento, in cui si esprime la sovranità popolare; le regioni e gli enti locali; la magistratura come ordine autonomo e indipendente; gli istituti di garanzia costituzionale. Alla vitalità di queste istituzioni è ugualmente affidato il retaggio della Resistenza, la trasmissione della drammatica esperienza vissuta dall'Italia fino alla piena liberazione dal fascismo e dall'oppressione straniera. Penso a quel che disse, sul ruolo delle istituzioni, un grande costruttore dell'Europa unita, Jean Monnet, rivolgendosi nel lontano 1952 all'Assemblea della appena nata Comunità del Carbone e dell'Acciaio: «Gli avvenimenti tragici che noi abbiamo vissuto – Monnet si riferiva, evidentemente, alla Seconda guerra mondiale da pochi anni conclusasi – ci hanno forse reso più saggi. Ma gli uomini passano, altri verranno e prenderanno il nostro posto. Quel che potremo lasciar loro non sarà la nostra esperienza personale che sparirà con noi; quel che possiamo lasciar loro sono delle istituzioni. La vita delle istituzioni è più lunga di quella degli uomini, e le istituzioni possono così, se sono ben costruite, accumulare e trasmettere la saggezza delle generazioni che si succedono».

In questo spirito celebriamo oggi congiuntamente l'anniversario del 25 aprile e quello della Costituzione e delle istituzioni repubblicane, cui va il rispetto non formale ma effettivo e coerente degli italiani di ogni parte politica per garantire un degno avvenire democratico al nostro paese.

I caduti di El Alamein

In questo solenne scenario, che evoca vicende terribili di guerra e di morte, sentiamo profondamente, come italiani e come europei, il dovere della riconoscenza, della memoria, della riflessione.

Le generazioni che non hanno conosciuto la guerra, che hanno vissuto nella nuova Europa, via via unitasi nella pace e nella democrazia, debbono rispetto e riconoscenza, sempre, ai tanti che caddero in questa terra, e a quanti combatterono, da entrambe le parti, onorando le loro bandiere. Furono combattimenti – qui attorno a El Alamein – tra i più duri e tormentati della Seconda guerra mondiale, in un continuo alternarsi delle sorti tra gli opposti schieramenti.

E il nostro rispetto, la nostra riconoscenza sono tanto più grandi quanto più ricordiamo, sforzandoci di ripercorrerle, le condizioni in cui i combattenti furono chiamati a operare, le sofferenze e i sacrifici che essi dovettero affrontare, fino al rischio estremo e quotidiano della vita. Rendiamo dunque omaggio alle alte virtù morali e alle straordinarie doti di coraggio di cui decine e decine di migliaia di uomini diedero qui incontestabile prova.

Tutti furono guidati dal sentimento nazionale e dall'amor di patria, per diverse e non comparabili che fossero le ragioni invocate dai governi che si contrapponevano su tutti i fronti del secondo conflitto mondiale. La causa

Sacrario militare italiano di El Alamein, 25 ottobre 2008. Commemorazione dei caduti in occasione del 66° anniversario della battaglia.

in nome della quale erano stati chiamati a battersi fino a immolare le loro vite tra le dune di questo deserto gli appartenenti alle forze armate dell'Asse nazifascista, apparve, proprio a partire da quei mesi del 1942, votata alla sconfitta. Una sconfitta che non avrebbe gettato alcuna ombra sui valori di lealtà e di eroismo dei combattenti italiani o tedeschi, ma che – a El Alamein – fu dovuta non solo alla soverchiante superiorità di mezzi e di uomini dell'opposto schieramento, ma alla storica insostenibilità delle ragioni, delle motivazioni e degli obbiettivi dell'impresa bellica nazifascista.

Tutto questo è oggi, e da un pezzo, alle nostre spalle: ma non va dimenticato. Ed è giusto dire che i veri sconfitti – anche sulle sabbie di El Alamein – furono i disegni di aggressione e di dominio, fondati perfino su aberranti dottrine di superiorità razziale, che avevano trovato nel nazismo hitleriano l'espressione più virulenta e conseguente.

Più in generale – e guardando all'intera prima metà del Ventesimo secolo – si può ben dire che sono crollati nel disastro della Seconda guerra mondiale, i nazionalismi irriducibili, i sordi antagonismi tra gli Stati europei, alimentati da interessi e pretese inconciliabili, gli impulsi egemonici e i tenaci revanscismi. È da quel terribile abisso di distruzione e bagno di sangue che è scaturita la costruzione – a partire dagli anni '50 del Novecento – di un'Europa fondata innanzitutto sulla riconciliazione tra Francia e Germania, su una graduale fusione di interessi e condivisione di sovranità. Abbiamo dato vita a un'autentica comunità di valori, tra i quali ha primeggiato quello della pace, di una cultura della pace basata sulla ricerca paziente di soluzioni negoziate per le controversie internazionali.

Su queste basi si è consolidata la pace in Europa fino ad abbracciare l'intero continente, così da rendere impensabile il ripetersi di orrori come quelli che furono vissuti a El Alamein da trecentomila uomini di molteplici nazionalità.

E c'è da sottolineare come qui, più di sessant'anni orsono, dalle laceranti esperienze della guerra in Africa, prese avvio anche il grande fenomeno storico del crollo o del superamento degli imperi europei, aprendosi così la strada all'affrancamento di questo dolorante continente dalla dominazione coloniale.

All'affermazione di valori di pace e di giustizia fuori dei confini dell'Europa, i nostri paesi sono impegnati oggi a contribuire partecipando alle missioni internazionali di gestione delle crisi che hanno investito regioni vicine e lontane. Sono convinto, per quel che riguarda l'Italia, che nella partecipazione dei nostri soldati a quelle missioni si esprima quella stessa carica di lealtà, di coraggio e di umanità che contraddistinse tutti i nostri corpi e reparti a El Alamein.

In conclusione, prima di lasciare questo luogo così ricco di commoventi memorie, desidero esprimere particolare riconoscenza anche a chi, al termine del conflitto, si dedicò alla dolorosa e nobile missione di cercare, raccogliere e ricomporre i resti, dispersi nel deserto, di tanti caduti, italiani e di altre nazionalità. Cito, per tutti, il colonnello Paolo Caccia Dominioni, al cui spirito di servizio e alla cui passione, sorretta da un forte ingegno di costruttore, si deve l'imponente sacrario in cui oggi ci troviamo. Il colonnello Caccia Dominioni era stato decorato al valor militare per la sua partecipazione già alla Prima guerra mondiale, lo fu per le prove date a El Alamein e venne infine decorato per il suo eroico impegno, come comandante partigiano, nella Guerra di liberazione 1943-45. Più di recente, gli è stata conferita, alla memoria, la medaglia d'oro al valore dell'Esercito per la missione di recupero e sistemazione delle salme dei caduti di El Alamein. Rendo reverente omaggio alla splendida figura di Paolo Caccia Dominioni.

Onore a tutti i combattenti e i caduti di El Alamein! Viva la fratellanza nella pace tra i popoli europei e con il popolo egiziano!

Il 4 novembre

È a voi, ragazze e ragazzi delle scuole di Vittorio Veneto, città carissima a noi tutti, che vorrei dedicare questo discorso, perché solo se la nostra storia e le nostre istituzioni parleranno alle giovani generazioni potremo salvaguardare l'eredità e garantire il futuro della nazione italiana.

Quest'anno la ricorrenza del 4 novembre sta suscitando un nuovo fervore di iniziative e di dibattiti. E se ne possono comprendere i motivi. Il lungo spazio storico che ci separa dalla conclusione – vittoriosa per l'Italia – della Prima guerra mondiale ci consente una visione finalmente matura di quel passaggio drammatico della nostra vita nazionale, ci induce a coglierne significati e valori che fanno ormai tutt'uno con la coscienza del cammino percorso da allora dal nostro paese, dall'Europa, dal mondo, con la coscienza delle responsabilità cui nel presente siamo chiamati a far fronte.

Non è dunque formale, e meno che mai – in nessun senso – strumentale, la celebrazione che promuoviamo, e che sentiamo come necessaria e giusta, del novantesimo anniversario di quella grande, luminosa giornata del 1918. È una celebrazione che vediamo innanzitutto come occasione di rinnovato omaggio alla memoria dei seicentomila italiani che caddero, bruciati in quella spaventosa fornace bellica: verso di

Intervento in occasione delle celebrazioni del 90° anniversario della conclusione della Prima guerra mondiale. Vittorio Veneto, Teatro Da Ponte, 4 novembre 2008.

essi la nazione italiana ha un debito inestinguibile, che dobbiamo continuare, sempre, a onorare. Nello stesso tempo, forte è in noi il senso dell'occasione da cogliere per riflettere ancora sulla prova che diedero di sé, in condizioni così dure, il nostro paese e il nostro popolo, su come ne uscirono cambiati, su quali effetti e sviluppi positivi si sarebbe potuto contare nel futuro, al di là delle convulse vicende che seguirono e che segnarono per oltre un ventennio la società italiana.

Proprio nel riaprirsi in queste settimane del dibattito pubblico sulla Prima guerra mondiale e in special modo sulla sua fase conclusiva, molte voci di studiosi si sono levate per mettere in risalto l'effetto di identificazione del popolo con la nazione, di conquista del senso dell'unità nazionale, che la Prima guerra mondiale, per come fu vissuta in Italia, ci ha lasciato in preziosa eredità.

Ricordare e valorizzare tutto questo non ha nulla a che vedere con esaltazioni retoriche, di stampo nazionalistico e militaristico, che qualcuno sembra temere. Non è all'ordine del giorno la riproposizione anacronistica delle dispute del 1914 e 1915 sull'intervento dell'Italia in guerra, sulle motivazioni e le modalità di quell'intervento, sul rovesciamento delle alleanze e sull'impreparazione militare che segnarono per il nostro paese l'inizio di quella guerra. Questi sono temi consegnati da tempo all'approfondimento degli storici: così come l'analisi del composito insieme delle ispirazioni e delle forze – politiche, culturali, morali – che sostennero l'entrata dell'Italia in guerra.

Sappiamo quanto si sia parlato e scritto su una visione liberale e risorgimentale ("idealizzata" in qualche modo) di quella scelta, e su una visione nazionalistica e perfino imperiale che venne dal lato opposto. Ma da parte delle istituzioni non si vuole oggi – non si può volere – l'attribuzione del crisma dell'ufficialità a qualsivoglia interpretazione storica.

Torniamo allora alla constatazione di fondo, che nessuno può onestamente denunciare come retorica e addirittura come esaltatrice e glorificatrice della guerra in quanto tale. Lo dirò con le parole di uno studioso antiretorico per eccellenza, Giuliano Procacci, autore di un esemplare profilo di storia degli italiani: «Con la guerra – egli ha scritto – vastissimi strati sociali, il cui mondo era stato sino allora circoscritto entro un orizzonte provinciale, venivano costretti per forza delle cose a prendere coscienza del loro destino comune e dell'esistenza di una collettività nazionale. L'Italia umile e provinciale, l'Italia di coloro per cui il problema primo era quello di tirare avanti e che si muovevano dal loro paese e dal loro campanile solo per andare in America, si trovò coinvolta nella guerra e i suoi figli poveri seppero di essere cittadini solo quando si trovarono vestiti da soldati e furono mandati a combattere nelle trincee. Si può dire anzi che un'opinione pubblica nazionale, nel senso più largo del termine, nacque in Italia solo con la Prima guerra mondiale, la prima grande esperienza collettiva del popolo italiano». Così lo storico. E si può ben aggiungere che quella grande e durissima esperienza culminò nella reazione al disastro di Caporetto, nella resistenza sul Piave e sul Grappa, nell'offensiva di Vittorio Veneto. Nel bel convegno svoltosi giorni fa alla Camera dei Deputati per iniziativa del suo presidente, il professor Monticone ha sottolineato come la sconfitta di Caporetto, «con l'invasione del vasto territorio friulano e veneto sino alle linee del Piave e del Grappa, segnò un radicale cambiamento nel carattere della guerra italiana». Fu messa in forse l'integrità nazionale, mentre l'obbiettivo era stato quello di completarla; si delineò «la possibile caduta nell'orbita del predominio delle Potenze centrali» contro cui si era dichiarata la guerra persino con propositi espansionistici. Si diffuse la consapevolezza «del dramma e del rischio per tutto il paese». L'allarme fu generale, l'appello «a tendere tutte le forze a un unico fine» venne anche da grandi personalità inizialmente inclini al neutralismo: «la guerra – scrisse nel novembre 1917 Benedetto Croce – che finora solo in parte era nostra, ora si fa veramente nostra».

Di qui una straordinaria risposta, fino alla vittoria che fu conseguita insieme dai soldati e dai cittadini, dalle crocerossine al fronte e da figure umili ed eroiche come le portatrici di Carnia. Una vittoria resa possibile, anche, da uno sforzo senza precedenti di mobilitazione industriale, che ebbe per protagonista una moltitudine di operai. Né si può dimenticare il prezioso sostegno che alla patria in guerra venne dalle donne rimaste a presidio delle famiglie. L'Italia uscì in questo senso dalla prova del 1917-18 cambiata moralmente, forte di un'acquisita comunanza di destino più che di uno status di grande potenza, riunita – con la liberazione di Trento e Trieste – entro i confini sognati dai patrioti del Risorgimento.

Celebrare questo storico risultato non significa nemmeno per un momento dimenticare o tacere errori fatali, responsabilità politiche e militari, cui si debbono far risalire costi umani e rischi estremi imposti al paese. Celebrare la vittoria del 4 novembre ed esaltare i sacrifici e gli eroismi che la prepararono e la forgiarono, non significa nemmeno per un momento edulcorare le atrocità della guerra, le sofferenze subite, l'immenso prezzo di vite umane pagato dal popolo italiano. Appartengo alla generazione i cui padri combatterono per anni nelle trincee della Prima guerra mondiale: essi hanno trasmesso a ciascuno di noi una testimonianza incancellabile di orrore per la guerra e di volontà di resistervi, di vivere e di far vivere la patria italiana.

In un breve libro scritto al ritorno dal servizio prestato al fronte come ufficiale di complemento, mio padre scrisse: «Si è immensamente sofferto, ma si ritorna migliori». «Tutto soffersero coloro che fecero la guerra, tutto sacrificarono, ma i sopravviventi hanno ereditato un senso nuovo della vita». E tra i ricordi che egli consegnò a quelle pagine, permettetemi ancora di citare questo: «Non dimentico. A Buso del Termine, sull'Altipiano di Asiago, linea di partenza per Cima di Valbella, dietro quella possente corazza di rocce frammentarie, diseguali, massicce e sbilenche, così duramente e pertinacemente battuta dall'artiglieria nemica e così variamente saggiata e valicata dai pugnaci combattimenti, mi si riempiva la gola di un groppo di lacrime nel seguire i nostri umili fanti, tutti intenti a tracciare scavare comporre, nel luogo che pareva il più coperto, tombe per i resti di poveri caduti. Essi riuscivano, con quelle mani rudi, che eran passate dall'impiego della vanga e del ronciglio a quello della bomba a mano e del fucile; riuscivano a fare delle piccole opere di bellezza». «Bisognava seguirli, quei fanti, che non si svestivano da mesi, e vivevan la vita più aspra, e da un momento all'altro dovevano salire alla contesa linea di Monte Valbella». Sì, per la mia generazione la storia della Grande Guerra è anche fatta di memorie familiari e di richiami affettivi.

Fu – lo ripeto con le parole che ho già citato – la prima grande esperienza collettiva del popolo italiano: e i suoi frutti non furono annullati dalla convulsa crisi sociale e politica che vi seguì, e che vide l'Italia partecipe per vent'anni dell'era dei totalitarismi in Europa, soggetto e vittima di predicazioni belliciste e di ambizioni o illusioni imperiali.

Non fu annullato il prezioso frutto di una nuova coscienza nata tra gli italiani: l'esser parte – tutti – di una collettività nazionale, il riconoscersi nel valore dell'unità nazionale. E questo è un retaggio che dobbiamo aver caro. Un retaggio identificabile con quell'amor di patria, e quel senso della dignità nazionale, che sorresse i nostri combattenti a El Alamein – l'ho appena ricordato dinanzi al sacrario dedicato a quelle migliaia di caduti – che dopo l'8 settembre 1943 ispirò la disperata resistenza delle nostre forze a Cefalonia, che animò nell'aspra fase finale della Seconda guerra mondiale il rinato Esercito Italiano a Mignano Monte Lungo o i militari impegnatisi accanto alle formazioni partigiane nella Guerra di liberazione.

Ci muoviamo oggi in un paese e in un mondo radicalmente cambiati. Non c'è più lo spettro della guerra sul territorio europeo. Si è spento il focolaio della Prima e della Seconda guerra mondiale, entrambe esplose e sanguinosamente combattute nel cuore dell'Europa. C'è stata riconciliazione nella pace e nella democrazia, via via rimuovendosi l'ipoteca e la minaccia rappresentate dal persistere di vecchie ideologie di irriducibile contrapposizione. Che cosa sia diventata l'Europa ce lo hanno detto in questi decenni alcune immagini-simbolo: il rappresentante illuminato della resistenza al nazismo e della nuova coscienza nazionale della Germania democratica che cade in ginocchio dinanzi al monumento ai caduti del Ghetto di Varsavia, il Presidente francese e il Cancelliere tedesco che si tengono per mano onorando insieme la memoria degli eroi e delle vittime del massacro sul campo di battaglia di Verdun.

Questo è diventata l'Europa, e con essa l'Italia. Repubblica democratica fondata sul lavoro. Non si evochino, oggi, nel nostro paese, per amor di polemica politica o vetero-ideologica, spettri che nessuno vuole più resuscitare. È legge per tutti la Costituzione repubblicana: «L'Italia ripudia la guerra come strumento di offesa alla libertà degli altri popoli e come mezzo di risoluzione delle controversie internazionali» – «La difesa della patria è sacro dovere del cittadino» – «L'ordinamento delle forze armate si informa allo spirito democratico della Repubblica» – «L'Italia consente (...) alle limitazioni di sovranità necessarie a un ordinamento che assicuri la pace e la giustizia fra le nazioni e (...) favorisce le organizzazioni rivolte a tale scopo».

Sono queste le tavole del nostro impegno comune. Non c'è più spazio né per il militarismo né per l'antimilitarismo. È sancita una cultura della pace, di cui è parte l'attaccamento alla patria e il dovere di difenderla, e di cui è parte anche il nostro sostegno alle organizzazioni internazionali deputate a garantire pace e giustizia nel mondo e alle decisioni che esse possono assumere a questo fine. E si è tracciata così la nuova visione e funzione delle nostre forze armate, che in nome della Costituzione oggi festeggiamo e a cui rendiamo omaggio per l'impegno che pongono, con spirito di sacrificio e intelligenza, fuori dal suolo italiano, al servizio di missioni per la pace e la sicurezza internazionale.

Come ha ben detto il Presidente Fini nel recente convegno già da me richiamato, «è impossibile oggi pensare la patria senza la libertà e i diritti del cittadino», «la nazione va ancorata alla democrazia, e questa va legata, a sua volta, al valore della nazione». È così che dobbiamo calarci più che mai nella prospettiva dell'Europa unita; abbiamo bisogno del massimo di coesione nel riconoscerci in un patrimonio comune di storia e di valori e nell'operare unendo le nostre forze, per poter dare un valido contributo alla costruzione europea e far valere il nostro ruolo. Non c'è avvenire per il nostro paese senza tener ferma e far vivere l'unità nazionale, in seno alla nuova Europa di cui siamo parte integrante.

È qualcosa che sentiamo in modo particolare nel momento difficile che l'Italia, l'Europa e il mondo stanno affrontando. La libera competizione sociale e politica democratica, il libero confronto ideale e culturale, il libero esercizio dei diritti individuali e collettivi, compreso il diritto al dissenso e all'opposizione, sono pienamente compatibili con il senso di appartenenza alla comunità nazionale che anche attraverso il drammatico cimento della Prima guerra mondiale abbiamo sempre di più riconosciuto e vissuto come fondamento del nostro essere cittadini italiani. Un senso di appartenenza che implica consapevolezza della complessità delle sfide che stanno oggi dinanzi all'Italia e dunque della necessità di non sfuggire al dovere dell'impegno comune e solidale, al di là di ogni legittima e fisiologica dialettica di posizioni, per salvaguardare il tessuto unitario del paese e garantirgli un futuro migliore.

A questi pensieri, solo apparentemente così lontani dalla lezione di quegli avvenimenti, ci induce la celebrazione del 90° anniversario della conclusione vittoriosa della Prima guerra mondiale. Pensieri di pace, di amor di patria, di responsabilità e unità nazionale.

Il Mezzogiorno e l'Unità d'Italia

È certamente un luogo altamente simbolico nel quale parlare di Mezzogiorno e unità nazionale, questo palazzo, perché non vi fu assertore più alto delle ragioni dell'Unità d'Italia, e insieme delle ragioni del Mezzogiorno, di Giustino Fortunato. Il suo pensiero e la sua battaglia politica, quali si espressero in decenni di partecipazione appassionata all'attività parlamentare e alla vita pubblica, restano ancor oggi un punto di riferimento illuminante per cogliere aspetti e nessi essenziali del discorso che siamo chiamati ad affrontare nel 150° anniversario della fondazione del nostro Stato nazionale. Il ruolo del Mezzogiorno nel movimento che si propose quell'obbiettivo e che riuscì a conseguirlo, la collocazione del Mezzogiorno nel nuovo Stato unitario, quale ebbe allora a definirsi, e la grande questione che per esso il Mezzogiorno rappresentò nel lungo percorso successivo fino ai giorni nostri, costituiscono una componente decisiva della memoria e riflessione storica – e dell'esame di coscienza collettivo, vorrei dire – che di qui al 2011 vogliamo e dobbiamo suscitare.

Non sarà superfluo, innanzitutto, porre a base delle celebrazioni in programma, il richiamo al Risorgimento come moto per l'unificazione volto ad abbracciare l'intera nazione italiana quale era emersa attraverso un lungo, plurisecolare travaglio nei suoi fondamenti identitari co-

Intervento all'incontro «Mezzogiorno e unità nazionale. Verso il 150° dell'Unità d'Italia». Rionero in Vulture, Palazzo Fortunato, 3 ottobre 2009.

muni. I protagonisti e le forze motrici del Risorgimento non potevano pensare un'Italia di cui non fossero parte integrante le regioni del Regno delle Due Sicilie (così come le regioni dello Stato pontificio e Roma). E in quell'Europa nella quale, alla metà dell'Ottocento, tra le maggiori nazioni solo quella italiana e quella germanica non erano ancora riuscite a prender corpo in Stati nazionali, non avrebbe potuto assumere un ruolo effettivo un'Italia che fosse rimasta monca, che non avesse, soprattutto, abbracciato il Mezzogiorno nel nuovo Stato unitario. È questo un dato storico, il cui valore attuale non può oggi sfuggire, e che va ribadito di fronte a certe fantasticherie che si stanno sentendo in polemica con l'esigenza di una forte, inequivoca celebrazione e riaffermazione dell'unità e indivisibilità dell'Italia.

Di quell'unità dell'Italia tutta fu, come uomo del Mezzogiorno, il più consapevole e ardente assertore proprio Giustino Fortunato. Egli fu sempre vigile nel cogliere, con ansia e allarme, il pericolo mortale rappresentato per l'Italia, anche decenni dopo l'unificazione, dall'emergere di tendenze particolaristiche e disgregatrici. A fine secolo, egli vedeva quel pericolo come conseguenza della «corruttela parlamentare delle province meridionali» addebitabile in primo luogo allo stesso governo, e guardando soprattutto alla Sicilia parlò di «bestemmie separatiste». Bestemmie separatiste che gli sembravano trovare allora come non mai «terreno propizio», non essendosi mai prima «proclamato con maggiore impudenza insuperabile il dissidio tra l'alta Italia e l'Italia meridionale» (altre «bestemmie separatiste» si sarebbero nuovamente sentite, sul finire della Seconda guerra mondiale e anche in tempi più recenti, insieme con non meno «impudenti proclamazioni» della insuperabilità del solco tra Nord e Sud).

Il Mezzogiorno, peraltro, il suo posto nel nuovo Stato unitario se l'era guadagnato sul campo. Esso fu – ha detto con forza Giuseppe Galasso da storico – pienamente partecipe, e protagonista di primo piano, della vicenda «di quel che fu prima definito "rinnovamento" dell'Italia e, poi, nella sua fase culminante, il Risorgimento *tout court*». Una vicenda che nell'Italia meridionale si snodò, dopo l'insorgenza rivoluzionaria del 1820, tappa per tappa, fino a culminare nell'impresa garibaldina dalla Sicilia a Napoli. Quello del Mezzogiorno rappresentò un contributo peculiare e decisivo al moto risorgimentale. E pur nel quadro di un'incontestabile egemonia moderata sotto la guida del Piemonte sabaudo, la componente democratica del movimento risorgimentale ebbe un ruolo cruciale nella liberazione dell'Italia meridionale.

La scelta che finì per imporsi dell'«annessione immediata e incondizionata» – per plebiscito – delle province meridionali, non può condurre a definire il Mezzogiorno come oggetto di una "conquista", anziché soggetto attivo e determinante del processo che condusse all'Unità d'Italia, alla fondazione dello Stato nazionale unitario. Il Mezzogiorno si era aperto la strada verso la conquista della libertà con il suo '48 e con il sostegno all'impresa di Garibaldi; i plebisciti valsero a confermare quella conquista e a creare le basi per la configurazione istituzionale del nuovo Stato.

Naturalmente, le celebrazioni del 150° anniversario dell'Unità potranno ben offrire occasioni e sedi per una rivisitazione complessiva del moto unitario, anche con riferimento ai passaggi più controversi. Nessuno può volere rimozioni o censure, a favore di una rappresentazione acritica o addirittura agiografica.

Peraltro, il rapporto tra il nuovo sistema politico e le varie correnti che hanno contribuito al Risorgimento è stato argomento di discussioni e ricerche che hanno impegnato gli studiosi dall'Unità a oggi e soprattutto dopo la Seconda guerra mondiale. L'idea della sopraffazione di una parte sull'altra, che ha dato luogo a una lunga serie di polemiche recriminatorie, ha ceduto il passo alla ricerca delle ragioni per cui il liberalismo moderato ebbe la prevalenza nel momento conclusivo e gli orientamenti federalisti vennero accantonati.

Comunque, per quel che riguarda il rapporto tra Mezzogiorno e unità nazionale, va tenuto ben chiaro lo spartiacque tra il discorso che giunge all'approdo del 1860, e quello che riguarda il modo di atteggiarsi del nuovo Stato e del suo governo nei confronti del Mezzogiorno. In effetti, ancor prima della proclamazione del Regno d'Italia, il Mezzogiorno subì una chiara penalizzazione col decreto del novembre 1860 che sancì lo scioglimento dell'esercito meridionale e il licenziamento della maggior parte dei volontari.

Successivamente, e ben presto, le tensioni tra il governo nazionale e il Mezzogiorno avrebbero ruotato intorno a due poli: la mortificazione delle aspirazioni autonomistiche e la delusione delle attese di sviluppo e di giustizia sul piano economico e sociale.

La reazione a condizioni di miseria e oppressione sociale, che già era serpeggiata nel corso della campagna siciliana e meridionale di Garibaldi, sarebbe addirittura esplosa nelle forme estreme di feroce ribellione del brigantaggio che, portando in sé l'impronta e l'insidia del revanscismo borbonico, sarebbe stato sanguinosamente represso.

E in quanto alle istanze dell'autonomismo, innanzitutto siciliano, esse furono negate da una rigida unificazione legislativa e amministrativa secondo il modello piemontese, e da scelte di governo centralizzatrici. Già nel 1861 i propositi enunciati da Cavour di concessione di un «vero *self government* alle regioni e alle provincie» erano apparsi da lui stesso messi da parte, non traducendosi neppure in un formale sostegno ai progetti Minghetti, la cui bocciatura in Parlamento segnò di certo il definitivo rifiuto di un ordinamento regionale. L'uniformità fu tuttavia un prezzo che tutto il paese, e non solo il Mezzogiorno, dovette pagare.

Sulle vicende dell'economia, sulle condizioni reali del Mezzogiorno, sulle ricadute e sui dilemmi della politica generale dello Stato, si concentrarono riflessioni e iniziative, che aprirono, già nell'ultimo scorcio del secolo, la lunga fase storica del meridionalismo, sul terreno dell'inchiesta, dell'analisi, della polemica e della proposta politica. Fortunato ne fu – insieme con Pasquale Villari – l'iniziatore, dando un quadro di riferimento e tracciando un solco, lungo i quali si sarebbe accumulato, in oltre un secolo, da Sonnino a Salvemini e Nitti, a Sturzo, Gramsci, Dorso, fino a Saraceno e Rossi-Doria, un formidabile patrimonio di elaborazione, di pensiero e anche di esperienza di governo. Un retaggio culturale, politico e morale, che appare oggi largamente ignorato e rimosso e a cui si dovrebbe tornare ad attingere.

Quel che della posizione di Giustino Fortunato interessa richiamare in questo momento è il combinarsi di un incrollabile attaccamento alla causa dell'unità, con un giudizio sempre più severo sul modo di condursi dello Stato verso il Mezzogiorno; il combinarsi di una visione cruda, realistica, fuori di ogni mito, della realtà del Mezzogiorno e delle cause del divario tra Nord e Sud, con una tenace riaffermazione delle responsabilità dell'Italia unita verso il Mezzogiorno.

Così, nonostante le degenerazioni che si erano prodotte e le delusioni che aveva subito, Fortunato ribadì, ad esempio nei drammatici momenti del 1898: «difendiamo ad ogni costo l'unità, quali che siano i suoi torti, quali che siano i suoi errori, perché solo in essa è la salvezza della nostra indipendenza», e perché comunque «un lunghissimo cammino è stato percorso dal 1860 ad oggi». Senza dissimulare i suoi timori per un possibile scivolamento verso uno Stato «più o meno federale», egli ribadiva drasticamente: «qualsiasi attenuazione del vincolo unitario segnerebbe l'inizio della comune perdizione».

Ma certo l'unificazione politica che si era conseguita nel 1860-61 si era trovata a dover fare i conti con «uno strano dualismo», diceva Fortunato, con «una fatale divisione che si era andata via via accentuando tra il Settentrione e il Mezzogiorno», e di cui Galasso ha colto le origini in secoli lontani, dandoci ora una felice sintesi di un lungo percorso storico. E venendo al dopo 1860, Galasso ci ha ricordato come Fortunato pose l'accento sulle cause obbiettive di quel divario, sfatando la leggenda di una presunta ricchezza naturale del Mezzogiorno, e nello stesso tempo denunciò il peso che su di esso fece gravare, dopo l'Unità, il giovane Stato unitario attraverso «la doppia soma di un carico tributario enorme e di un regime doganale proibitivo». Questo filone di denuncia fu poi portato avanti, in particolare, da Francesco Saverio Nitti.

Ma rimane proprio del Fortunato un approccio coerentemente centrato sul tema della politica generale dello Stato e sulla necessità di un suo cambiamento che rendesse possibile il liberarsi delle potenzialità di sviluppo del Mezzogiorno. Ebbene oggi, a distanza di più di un secolo dagli anni in cui venne enunciato, quell'approccio ci sembra presentare una singolare attualità. E si può ben dirlo senza indulgere a forzature semplificatorie o polemiche.

Insomma, dopo le molteplici esperienze che si sono compiute nel periodo succeduto alla conclusione della Seconda guerra mondiale, e cioè all'avvio, con la Repubblica e la Costituzione, di una nuova storia democratica, di una nuova fase di crescita politica ed economica dell'Italia unita – dopo tante molteplici esperienze, voglio dire, mirate al superamento del divario tra Nord e Sud – dobbiamo pur porci degli interrogativi di fondo.

Risultati non trascurabili si sono ottenuti, cambiamenti non lievi per determinati aspetti si sono prodotti nel Mezzogiorno; ma i termini di quell'antico divario, pur oscillando nel tempo, conoscendo a più riprese alti e bassi, e in parte mutando di natura, risultano tuttora drammatici e tendenzialmente stagnanti. E allora, si studino le esperienze dei decenni passati, senza superficiali nostalgismi, senza tentazioni impossibili di ritorno indietro, si formulino ipotesi nuove, partendo tuttavia dalla lezione fondamentale di stampo fortunatiano. È cioè la politica generale dello Stato che deve cambiare guardando alla valorizzazione del Mezzogiorno nell'interesse di tutto il paese; e deve l'insieme della società italiana muoversi nello stesso senso: le sue forze produttive, le energie imprenditoriali, non solo le forze politiche, impegnate nel governo della cosa pubblica.

Possiamo ben dire, con le parole di Giustino Fortunato: governo e paese «non ignorino di avere, nella questione meridionale, il maggiore dei loro doveri di politica interna». Anche perché «se la nuova Italia non riuscirà a risolvere il problema economico del Mezzogiorno, essa verrà meno a una delle maggiori finalità per le quali è risorta». Drammatico monito, che ritroviamo nelle conclusioni dell'opera di uno studioso del nostro tempo, il compianto Salvatore Cafiero. Né occorre ricordare come quello dell'unificazione economica del paese costituì l'assillo di un altro studioso, uomo del Nord, che fu in tempi non lontani anche sapiente operatore pubblico, Pasquale Saraceno.

Sì, il maggiore dei nostri doveri, oggi, e con ancor maggior forza, è l'affrontare la «questione meridionale» come – ha ragione Galasso – «questione italiana». Le celebrazioni del 150° dell'Unità debbono assumere come impegno centrale quello di promuovere una rinnovata consapevolezza di quel dovere, oscuratasi da troppi anni per effetto dello spegnersi del dibattito culturale e politico meridionalista e dell'esaurirsi di una strategia nazionale per il Mezzogiorno. Ma anche per effetto – non possiamo sottacerlo – del diffondersi nell'opinione pubblica settentrionale di un'illusione di sviluppo autosufficiente, destinato a dispiegarsi pienamente una volta liberatosi dal peso frenante del Mezzogiorno.

Sono convinto che si possa ben rendere invece comprensibile e convincente l'esigenza comune di un rilancio delle potenzialità dello sviluppo meridionale come condizione imprescindibile per una rinnovata crescita dell'economia italiana, ben più sostenuta di quella dell'ultimo decennio. Tale crescita, e una collocazione dell'Italia nell'Europa più integrata e dinamica che auspichiamo guardando anche alla sua proiezione nel Mediterraneo – la crescita e la collocazione dell'Italia nel mondo che è cambiato e che cambia globalizzandosi – passano attraverso una visione e un'azione capaci di far leva sulle nuove opportunità che il Mezzogiorno può offrire.

Le celebrazioni del centocinquantenario hanno senso perché l'Italia ha bisogno di più unità, di nuova e più forte coscienza unitaria; l'unità nazionale conquistata un secolo e mezzo fa si consolida affrontando con nuovo slancio la sfida dell'incompiutezza della nostra unificazione.

Lo Stato italiano non è più nemmeno quello del 1961; presenta un processo di forte mutamento, rispetto al quale non c'è da tornare indietro ma da avviare un ulteriore e più coerente percorso di riforma. Ma proprio la novità del federalismo fiscale, per conquistare i maggiori consensi che le mancano e superare le preoccupazioni o diffidenze che la circondano, deve saldarsi con una chiara, non formale riaffermazione del patto nazionale unitario.

I richiami alla valorizzazione delle diverse esperienze storiche e delle diverse realtà e tradizioni rappresentate dal Nord e dal Sud, o più specificamente rappresentate dalle singole regioni, sono comprensibili e significativi, e non possono considerarsi in contrasto con la loro riconduzione a unità, che fu il grande obbiettivo del moto risorgimentale e il grande traguardo della fondazione dello Stato nazionale italiano. Ed egualmente la valorizzazione delle correnti autonomiste e federaliste (riassumibili nei nomi di Cattaneo e poi – nel dopo Risorgimento – di Salvemini, e in altri ancora) può confluire pienamente in un programma celebrativo che abbia al suo centro la riaffermazione del patto nazionale unitario. D'altronde, abbiamo appena sentito da Galasso una bella caratterizzazione del formarsi delle nazionalità come fenomeni storici complessi che si svolgono su molteplici piani e abbracciano, specie in un paese policentrico come l'Italia, un grande arco di diversità.

In conclusione, le celebrazioni del 150° dell'Unità italiana dovrebbero favorire il diffondersi di un clima nuovo, al Nord e al Sud. Da un lato, con l'abbandono di pregiudizi e luoghi comuni attorno al Mezzogiorno e ai meridionali, di atteggiamenti spregiativi che ignorano quel che il Mezzogiorno ha dato all'Italia in vari periodi storici, e in particolare la ricchezza degli apporti della sua intellettualità, delle sue élite culturali – apporti, da De Sanctis a Croce, essenziali nel concorrere all'unificazione del paese. Vecchi e nuovi atteggiamenti spregiativi e sommari impediscono di cogliere e trattengono dal riconoscere energie valide, eccellenze, fattori di dinamismo che il Mezzogiorno presenta e su cui occorre far leva.

Dall'altro lato, una seria riflessione critica della società meridionale, delle forze che la rappresentano, che la guidano o che in essa comunque si muovono: una seria riflessione critica su se stessa, voglio dire. Il bilancio delle istituzioni regionali nel Mezzogiorno non è uniforme, comprende esperienze positive – come quella della Basilicata, e non lo dico perché sono qui tra voi – ma nell'insieme è tale da farci dubitare che le forze dirigenti meridionali abbiano retto alla prova dell'autogoverno. E pur riservandoci e sollecitando un approfondimento obbiettivo delle ragioni di un bilancio a dir poco insoddisfacente, non possiamo – lasciate che lo dica in questo momento da meridionale e da convinto meridionalista – non possiamo permetterci alcuna autoindulgenza.

Non possiamo nascondere inefficienze e distorsioni dietro la denuncia delle responsabilità altrui, e soprattutto dietro le responsabilità dello Stato e dei governi che lo hanno retto. La critica di indirizzi e di comportamenti, di omissioni e di penalizzazioni, di cui il Mezzogiorno ha sofferto è legittima e anzi doverosa, purché seria e fondata, ma non può coprire le responsabilità di quanti si sono nel corso di lunghi anni avvicendati nel rappresentare e guidare le regioni meridionali e le istituzioni locali, o hanno comunque espresso le forze della società civile.

È giusto che da parte del Mezzogiorno si rivendichi il meglio del proprio passato storico e del proprio presente, e che innanzitutto ci si riappropri, con uno sforzo intellettuale e morale del tutto carente negli ultimi tempi, dell'eredità della cultura scientifica e umanistica meridionale, di un patrimonio luminoso di pensiero e di creatività che (basta riandare al Diciottesimo secolo) ha lasciato segni duraturi nel farsi dell'Italia e dell'Europa.

Ma essenziale sarà soprattutto uno scatto di volontà, di senso morale e di consapevolezza civile da cui emergano nel Mezzogiorno nuove forze idonee a meglio affrontare la prova dell'autogoverno e della partecipazione al governo del paese.

C'è materia, credo, per un esame di coscienza che unisca gli italiani nel celebrare il momento fondativo del loro Stato nazionale.

La Memoria

Per le vittime del terrorismo

Questo è il giorno del ricordo e del pubblico riconoscimento che l'Italia da tempo doveva alle vittime del terrorismo. È il giorno del sostegno morale e della vicinanza umana che l'Italia sempre deve alle loro famiglie. Ed è il giorno della riflessione su quel che il nostro paese ha vissuto in anni tra i più angosciosi della sua storia e che non vuole mai più, in alcun modo, rivivere.

Parlo del terrorismo serpeggiante in Italia a partire dalla fine degli anni '60, e infine esploso come estrema degenerazione della violenza politica; parlo delle stragi di quella matrice e della lunga trama degli attentati, degli assassinii, dei ferimenti che insanguinarono le nostre città. L'obbiettivo che i gruppi terroristici così perseguivano era quello della destabilizzazione e del rovesciamento dell'ordine costituzionale. Dedichiamo l'incontro di oggi in Quirinale alle vittime di quell'attacco armato alla Repubblica, che seminò ferocemente lutto e dolore.

Sappiamo che nell'istituire, un anno fa, questo Giorno della Memoria il Parlamento ha raccolto diverse proposte, comprese quelle rivolte a onorare gli italiani, militari e civili, caduti in anni recenti nel contesto delle missioni in cui il nostro paese è impegnato a sostegno della pace e contro il terrorismo internazionale, nemico

Discorso celebrativo del primo Giorno della Memoria dedicato alle vittime del terrorismo e delle stragi di tale matrice. Palazzo del Quirinale, 9 maggio 2008.

insidioso capace di colpire anche a casa nostra. Alla loro memoria rinnovo l'omaggio riconoscente delle istituzioni repubblicane e della nazione. Sono certo che anche al loro sacrificio si rivolgerà pubblico omaggio nelle manifestazioni e negli incontri cui darà luogo ovunque la celebrazione del Giorno della Memoria.

E colgo l'occasione per ricordare anche le vittime causate da fatti di diversa natura, dal disastro di Ustica all'intrigo delittuoso della "Uno Bianca", ai caduti nell'adempimento del loro dovere e ai semplici cittadini, uomini e donne, che hanno perso la vita in torbide circostanze, su cui non sempre si è riusciti a fare pienamente chiarezza e giustizia. Più in generale, mi inchino a tutti i caduti per la patria, per la libertà e per la legalità democratica, e dunque – come dimenticarle! – alle tante vittime della mafia e della criminalità organizzata.

Ma sottolineo nuovamente la specificità delle vicende del terrorismo italiano, e l'esigenza di colmare vuoti e carenze nell'iniziativa dello Stato democratico, nell'impegno della comunità nazionale, che esigeva ed esige il ricordo di quelle vicende e delle loro vittime.

I momenti di solenne riconoscimento non sono mancati come con il conferimento di medaglie d'oro, da parte del Presidente Ciampi, alla memoria di alcune figure rappresentative del sacrificio di molti negli "anni di piombo". Ma era a lungo mancato un riconoscimento collettivo e proiettato nel futuro come quello deciso dal Parlamento con la legge istitutiva del Giorno della Memoria.

E con la pubblicazione che oggi vede la luce abbiamo cercato di abbracciare in un comune ricordo e omaggio – salvo possibili, involontarie omissioni o imprecisioni, di cui ci scusiamo – tutte le vittime della violenza politica armata, del terrorismo organizzato e rivolto a fini eversivi. Non si possono sfogliare quelle pagine senza provare profonda commozione e profondo sgomento. Abbiamo cercato di restituire, di consegnare alla memoria degli italiani, l'immagine – i volti, i percorsi di vita e di morte – di tutte le vittime.

I percorsi di vita, innanzitutto perché non è accettabile che quegli uomini siano ricordati solo come vittime, e non come persone, che hanno vissuto, hanno avuto i loro affetti, il loro lavoro, il loro posto nella società, prima di cadere per mano criminale. Le ricordiamo tutte, come vittime e come persone, dalle più note e illustri alle più modeste, facilmente rimaste più in ombra. Tutte, qualunque fosse la loro collocazione politica e qualunque fosse l'ispirazione politica di chi aggrediva e colpiva.

Vorrei che voi, mogli, figli, genitori, familiari dei caduti, sentiste anche questa nostra particolare iniziativa come gesto di riparazione e di partecipe vicinanza per quello che avete sofferto, per il dolore di perdite irreparabili e poi per il dolore di una solitudine, di una disattenzione, che vi ha fatto temere di essere come dimenticati insieme con i vostri cari. Non può essere, non deve essere così. È l'impegno che oggi prendiamo.

La scelta della data per il Giorno della Memoria è caduta per validi motivi sull'anniversario dell'assassinio di Aldo Moro. Perché se nel periodo da noi complessivamente considerato si sono incrociate per qualche tempo diverse trame eversive, da un lato di destra neofascista e di impronta reazionaria, con connivenze anche in seno ad apparati dello Stato, dall'altro lato di sinistra estremista e rivoluzionaria, non c'è dubbio che dominanti siano ben presto diventate queste ultime, col dilagare del terrorismo delle Brigate Rosse. E il bersaglio più alto e significativo che esso abbia raggiunto è stato il presidente della Democrazia Cristiana, sequestrato, tenuto prigioniero per quasi due mesi e infine con decisione spietata ucciso.

Fu, in quel 16 marzo 1978, centrato dalle Brigate Rosse un obbiettivo forse impensabile, per il grado di organizzazione e il livello di audacia che comportava, ma non imprevedibile, dato il ruolo evidente e incontestabile di Moro nella vita politica nazionale, nella fase critica e cruciale che essa stava attraversando. Non si scelse un obbiettivo simbolico, si decise di colpire il perno principale del sistema politico e istituzionale su cui poggiava la democrazia repubblicana.

Imprevedibili erano stati, e sarebbero stati ancora dopo, molti altri bersagli colpiti dalle Brigate Rosse con cieco furore ideologico: studiosi, magistrati, avvocati, giornalisti, amministratori locali, dirigenti d'azienda, commercianti, rappresentanti dei lavoratori, militari, uomini delle forze dell'ordine, e altri ancora, in una successione casuale e non facilmente immaginabile. Una successione perciò incalzante e angosciosa, che mirava a dare il senso dell'impotenza dello Stato, del vacillare delle istituzioni e della convivenza civile.

In Moro i terroristi individuarono il nemico più consapevole, che aveva più di chiunque colto – nel '68 – quel che si muoveva e premeva nella società, la crisi dei vecchi equilibri politici, il travaglio e la domanda di rinnovamento delle nuove generazioni, e quindi aveva lanciato – nel maggio '77 – l'estremo allarme. Ci si trovava, così disse, dinanzi a «manifestazioni di violenza» che avevano «uno sfondo ideologico» e si collocavano «tra la lotta politica e la lotta armata» di qui l'«apprensione per il logoramento» cui erano «sottoposte le istituzioni e le stesse grandi correnti ideali che credono nella democrazia». Egli non dubitava dell'«esito finale» del confronto tra le istituzioni democratiche, tra le forze democratiche e le forze che conducevano «un così grave attacco portato nel cuore dello Stato», ma era cosciente della durezza della prova, dell'«alto costo» e delle «distorsioni» che poteva comportare.

Per quel che egli rappresentava storicamente – nella lunga vicenda della costruzione democratica e della lotta politica in Italia – e per quel che contava in quel momento come punto di riferimento ai fini di una risposta concorde all'offensiva terroristica e di una sapiente tessitura volta a rinnovare e consolidare la democrazia nel nostro paese, il presidente della Democrazia Cristiana divenne la vittima designata, da catturare anche a costo dell'efferato sterminio della sua scorta – dei suoi «compagni di viaggio» – nell'agguato di via Fani, e fu quindi a lungo ristretto in una condizione fisica disumana, e sottoposto a una tremenda violenza psicologica.

Si sono di recente pubblicate attente ricostruzioni di quei fatti e analisi penetranti degli svolgimenti di una così inaudita e sconvolgente vicenda, dei comportamenti di tutti coloro che ne furono i diversi attori. Ma non è in questa sede e non è da parte mia che si possono esprimere giudizi conclusivi. Si può solo invitare – trent'anni dopo – alla riflessione profonda e dolorosa, alla ricerca non ancora conclusa, che anche questi nuovi contributi di osservatori e studiosi sollecitano, possiamo solo inchinarci con rispetto e commozione dinanzi alla tragedia vissuta trent'anni orsono da un grande protagonista della storia democratica dell'Italia repubblicana, dinanzi allo sforzo intellettuale e politico da lui dispiegato in uno stato di cattività esposto a continue pressioni e manipolazioni. Possiamo solo inchinarci dinanzi al suo tormento umanissimo, consegnato a lettere di straordinaria intensità per carica affettiva e morale.

Fu tragedia non solo di un uomo, ma di un paese, di questa Italia che un grande maestro, Norberto Bobbio, volle ricordarci, dinanzi a simili eventi, essere, appunto, «un paese tragico».

Ci sarà ugualmente da riflettere ancora e a fondo – anche se molto si è lavorato, anche di recente, su questi temi – sulla genesi e sulla fisionomia dei fenomeni di stragismo e terrorismo politico di cui è stata teatro l'Italia, su come siano nati e via via cresciuti, su quali ne siano state le radici, i punti di forza, le ideologie e strategie di supporto. E c'è da augurarsi che si riesca ancora a indagare, anche in sede giudiziaria, su singoli fatti di devastante portata, che si riesca ad accertare pienamente la verità, come chiedono le associazioni delle famiglie delle vittime.

Quel che più conta, tuttavia, è scongiurare ogni rischio di rimozione di una così sconvolgente esperienza vissuta dal paese, per poter prevenire ogni pericolo di riproduzione di quei fenomeni che sono tanto costati alla democrazia e agli italiani. In effetti abbiamo visto negli ultimi anni il riaffiorare del terrorismo, attraverso la stessa sigla delle Brigate Rosse, nella stessa aberrante logica, su scala, è vero, ben più ridotta ma pur sempre a prezzo di nuovi lutti e di nuove tensioni. Si hanno ancora segni di reviviscenza del più datato e rozzo ideologismo comunista, per quanto negli scorsi decenni quel disegno rivoluzionario sia naufragato insieme con la sconfitta del terrorismo, mostrando tutto il suo delirante velleitarismo, la sua incapacità di esprimere un'alternativa allo Stato democratico. E se vediamo nel contempo – come li stiamo vedendo – segni di reviviscenza addirittura di un ideologismo e simbolismo neonazista, dobbiamo saper cogliere il dato che accomuna fenomeni pur diversi e opposti, il dato dell'intolleranza e della violenza politica, dell'esercizio arbitrario della forza, del ricorso all'azione criminale per colpire il nemico e non meno brutalmente il diverso, per sfidare lo Stato democratico. Occorre opporre a questo pericoloso fermentare di rigurgiti terroristici la cultura della convivenza pacifica, della tolleranza politica, culturale, religiosa, delle regole democratiche, dei principî, dei diritti e dei doveri sanciti dalla Costituzione repubblicana. E occorre ribadire e rafforzare, senza ambiguità, un limite assoluto, da non oltrepassare qualunque motivazione si possa invocare: il limite del rispetto della legalità, non essendo tollerabile che anche muovendo da iniziative di libero dissenso e contestazione si varchi il confine che le separa da un illegalismo sistematico e aggressivo.

Lo Stato repubblicano non può abbassare la guardia, dopo aver fatto fronte allo stragismo e aver sconfitto il terrorismo dilagante degli scorsi decenni. Lo ha sconfitto dopo aver subito colpi molto duri – più di qualsiasi altro il sequestro di Aldo Moro, lo sterminio della sua scorta e infine la sua feroce soppressione – lo ha sconfitto restando sul terreno della democrazia e dello Stato di diritto, e senza concedere alle Brigate Rosse il riconoscimento politico di controparte in guerra che esse pretendevano.

Bisogna rendere omaggio a quanti si sono battuti con tenacia fino a cogliere successi decisivi, a quanti vi hanno contribuito nel campo delle forze politiche – in seno al Governo e in Parlamento – nel mondo sociale e culturale, e con coraggio, in prima linea, anche a rischio della vita, nella magistratura e nelle forze dell'ordine.

La prova è stata ardua, terribilmente dolorosa, e non può considerarsi del tutto conclusa, o conclusa una volta per tutte. Di qui l'appello alla vigilanza e alla severità.

Per nessuno la prova è stata così dura come per i familiari delle vittime. E la prova più alta – lo ha detto con parole bellissime nel suo libro Mario Calabresi – è stata quella di far crescere i figli liberi dal rancore e dall'odio, di «scommettere tutto sull'amore per la vita», di guardare avanti «nel rispetto della memoria». Purtroppo questo rispetto è spesso mancato, e proprio da parte di responsabili delle azioni terroristiche.

D'altronde, non pochi tra loro sono rimasti reticenti, anche in sede giudiziaria, e sul piano politico hanno ammesso errori e preso atto della sconfitta del loro disegno, ma non riconoscendo esplicitamente la ingiustificabile natura criminale dell'attacco terroristico allo Stato e ai suoi rappresentanti e servitori. Lo Stato democratico, il suo sistema penale e penitenziario, si è mostrato in tutti i casi generoso, ma dei benefici ottenuti gli ex terroristi non avrebbero dovuto avvalersi per cercare tribune da cui esibirsi, dare le loro versioni dei fatti, tentare ancora subdole giustificazioni. Mi ha colpito e indignato leggere giorni fa l'intervista di un ex brigatista, lo stesso che un anno fa raccontò con agghiacciante freddezza come aveva ammazzato Carlo Casalegno e che ora ha detto di provare «rammarico per i familiari delle vittime delle BR», ma aggiungendo di aver dato per scontato che «quando si fanno azioni di un certo tipo» accade di «dare dei dispiaceri ad altri». No, non dovrebbero esserci tribune per simili figuri.

Chi abbia regolato i propri conti con la giustizia ha il diritto di reinserirsi nella società, ma con discrezione e misura e mai dimenticando le sue responsabilità morali anche se non più penali. Così come non dovrebbero dimenticare le loro responsabilità morali tutti quanti abbiano contribuito a teorizzazioni aberranti e a campagne di odio e di violenza da cui sono scaturite le peggiori azioni terroristiche, o abbiano offerto al terrorismo motivazioni, attenuanti, coperture e indulgenze fatali.

Queste sono le ragioni per cui si doveva e si deve dar voce non a chi ha scatenato la violenza terroristica, ma a chi l'ha subita, a chi ne ha avuto la vita spezzata, ai familiari delle vittime e anche a quanti sono stati colpiti, feriti, sopravvivendo ma restando per sempre invalidati. Si deve dar voce a racconti di verità sugli "anni di piombo", ricordando quelle terribili vicende come sono state vissute dalla parte della legge e dello Stato democratico, dalla parte di un'umanità dolorante. E a questa parte, ai familiari delle vittime, a tutti i colpiti dallo stragismo e dal terrorismo, lo Stato deve restare vicino, anche garantendo l'attuazione di leggi come quella del 2004.

Solo così, con questo rispetto per la memoria e con questa vicinanza alle persone che hanno sofferto, si potrà rendere davvero omaggio al sacrificio di tanti. È qui il significato del 9 maggio, Giorno della Memoria che oggi insieme celebriamo.

Non dimenticare, non rimuovere

Signor Presidente della Camera, signori rappresentanti del Senato e della Corte Costituzionale, signori ministri, cari amici che siete qui in rappresentanza di tante famiglie ferite a cui lo Stato democratico deve sempre e in concreto restare vicino, questa seconda celebrazione del Giorno della Memoria, istituito con legge del 4 maggio 2007, si pone in piena continuità con la celebrazione dello scorso anno, tendendo ad arricchirne, nello stesso spirito, il quadro di riferimento e la valenza storica. Il 9 maggio 2008 concentrammo l'attenzione sulla vicenda e sulle figure delle vittime del terrorismo italiano: e riprenderò anche oggi quel filone sempre così scottante e sensibile.

Ma in primo luogo saluto lo sforzo che si è fatto per integrare in una visione unitaria e pienamente comprensiva del Giorno della Memoria il ricordo degli italiani, militari e civili, caduti nelle missioni che hanno visto il nostro paese impegnato, in diverse aree di crisi, a sostegno della pace e contro il terrorismo internazionale. A ricordare quei caduti e a onorarne la memoria ha dato un essenziale, esauriente contributo l'impegno, e in special modo la bella pubblicazione del Ministero della Difesa. Si parte dai precedenti più lontani, dagli anni '50 e '60 del secolo da poco conclusosi, per giungere alla lunga teoria dei sacrifici di

Intervento alla celebrazione della seconda ricorrenza del Giorno della Memoria dedicato alle vittime del terrorismo e delle stragi di tale matrice. Palazzo del Quirinale, 9 maggio 2009.

vite italiane nelle maggiori missioni degli anni '90 e dei primi anni Duemila in Kosovo, in Iraq, in Afghanistan. Quei volti, quelle medaglie ci raccontano storie di dedizione alla causa, di coraggio e di eroismo, che toccarono il culmine in quel tragico 12 novembre di oltre cinque anni fa a Nassirya, e che era giusto venissero tutte rievocate e onorate. Desidero ringraziare personalmente il Ministro della Difesa per questo risultato, che concorre a rendere sempre più rappresentativa la celebrazione del Giorno della Memoria.

Nello stesso tempo rivolgiamo oggi la nostra attenzione e il nostro omaggio alle vittime delle stragi di matrice terroristica. Già un anno fa, in questa sala, ricordai come a partire dalla fine degli anni '60 dello scorso secolo «si incrociarono in Italia diverse trame eversive, da un lato di destra neofascista e di impronta reazionaria, con connivenze anche in seno ad apparati dello Stato, dall'altro di sinistra estremista e rivoluzionaria», fino al «dilagare del terrorismo delle Brigate Rosse». Fu quest'ultimo, dominante fenomeno che mettemmo allora a fuoco, assumendo come emblematico il terribile momento dell'uccisione, dopo angosciosa prigionia, di Aldo Moro, alla cui personalità e al cui sacrificio indirizzo nuovamente il mio riconoscente pensiero, salutandone affettuosamente i familiari.

Nell'odierna celebrazione mettiamo invece a fuoco la prima di una serie di vicende devastanti: la strage di Piazza Fontana a Milano, di cui sta per ricorrere il quarantesimo anniversario.

Ricordare quella strage e con essa l'avvio di una oscura strategia della tensione, come spesso fu chiamata, significa ricordare una lunga e tormentatissima vicenda di indagini e di processi, da cui non si è riusciti a far scaturire un'esauriente verità giudiziaria. E ciò vale, lo sappiamo, anche per altri anelli di quella catena di stragi di matrice terroristica che colpì sanguinosamente città come Milano, Brescia, Bologna e altre, e di cui procedimenti giudiziari e inchieste parlamentari identificarono l'ispirazione politica ma non tutte le responsabilità di ideazione ed esecuzione. Se il fine venne indicato nella creazione di un clima di convulso allarme e disorientamento e quindi in una destabilizzazione del sistema democratico, fino a creare le condizioni per una svolta autoritaria nella direzione del paese, componenti non secondarie di quella trama – in particolare «l'attività depistatoria di una parte degli apparati dello Stato» (così definita nella relazione approvata nel 1994 dalla Commissione Stragi del Parlamento) – rimasero spesso non determinate sul piano dei profili di responsabilità, individuali e non solo.

È ancora in corso il processo per la strage di Piazza della Loggia, e c'è da augurarsi che in tale sede si riesca a giungere a valide conclusioni di verità e di giustizia, e che anche in rapporto ad altre stragi siano possibili ulteriori sforzi per l'accertamento della verità. Desidero però dire che per quante ombre abbiano potuto pesare sulla ricerca condotta in sede giudiziaria e per quante riserve si possano nutrire sulle conclusioni da tempo raggiunte, non si possono gettare indiscriminati e ingiusti sospetti sull'operato di quanti indagarono e in particolare sull'operato della magistratura, esplicatosi in molteplici istanze e gradi di giudizio.

È parte – dobbiamo dirlo – è parte dolorosa della storia italiana della seconda metà del Novecento anche quanto è rimasto incompiuto nel cammino della verità e della giustizia, in special modo nel perseguimento e nella sanzione delle responsabilità penali per fatti orribili di distruzione di vite umane. Il nostro Stato democratico, proprio perché è sempre rimasto uno Stato democratico e in esso abbiamo sempre vissuto, non in un fantomatico «doppio Stato», porta su di sé questo peso: voglio dirlo nel modo più responsabile e partecipe a quanti hanno sofferto non solo per atroci perdite personali e familiari, ma per ogni ambiguità e insufficienza di risposte alle loro aspettative e ai loro appelli.

È comunque importante che continui una riflessione collettiva, sullo stragismo come sul terrorismo, in uno con lo sforzo costante per coltivare e onorare la memoria delle vittime. E per entrambi gli aspetti non posso che esprimere gratitudine alle associazioni e alle persone che garantiscono un così essenziale impegno civile e morale.

Nello stesso tempo, questo Giorno della Memoria ci offre l'occasione per accomunare nel rispetto e nell'omaggio che è loro dovuto i familiari di tutte le vittime – come ha detto con nobili parole Gemma Calabresi – di una stagione di odio e di violenza. Rispetto e omaggio dunque per la figura di un innocente, Giuseppe Pinelli, che fu vittima due volte, prima di pesantissimi infondati sospetti e poi di un'improvvisa, assurda fine. Qui non si riapre o si rimette in questione un processo, la cui conclusione porta il nome di un magistrato di indiscutibile scrupolo e indipendenza: qui si compie un gesto politico e istituzionale, si rompe il silenzio su una ferita non separabile da quella dei 17 che persero la vita a Piazza Fontana, e su un nome, su un uomo, di cui va riaffermata e onorata la linearità, sottraendolo alla rimozione e all'oblio.

Grazie signora Pinelli, grazie per aver accettato, lei e le sue figlie, di essere oggi con noi.

Dicemmo un anno fa che è importante – anche se difficile, penoso, duro – riuscire a guardare avanti, senza dimenticare quel che è accaduto ma superando ogni istintivo rancore: e a proposito dei familiari delle vittime dell'intolleranza e della violenza politica, mi hanno colpito le parole libere da rancore che ho di recente ascoltato dai familiari dei fratelli Mattei travolti nell'orrendo rogo doloso di Primavalle dell'aprile 1973.

Guardare avanti ma senza – lo ripeto – mai dimenticare o rimuovere quel che è accaduto: anche e soprattutto per sventare ogni rischio che tornino i fantasmi del passato. Fantasmi come quelli del terrorismo rosso, che sono ancora di recente apparsi alla sbarra nel processo in corso a Milano. Fantasmi che non possono essere facilmente esorcizzati, sapendo come gli impulsi alla predicazione ideologica estremista e all'azione violenta potrebbero essere alimentati strumentalizzando nuove tensioni sociali in un eventuale contesto di difficoltà economiche acute.

Occorre perciò sviluppare un impegno costante di trasmissione della memoria e di diffusione della cultura della tolleranza, della convivenza pacifica, dell'esercizio dei diritti civili e sociali nell'ambito della legalità costituzionale. E occorre coniugare tale impegno con il massimo di attenzione e di rigore verso ogni tendenza di segno opposto.

È per me motivo di soddisfazione constatare come il messaggio partito di qui un anno fa per il Giorno della Memoria abbia incoraggiato molti familiari di vittime del terrorismo a riprendere la parola, a far sentire com'era giusto la loro voce, prendendo iniziative, o collaborando a iniziative, volte a ricordare e lumeggiare casi egualmente significativi e spesso caduti in ombra.

E si può forse osservare come nel contempo si sia attenuato – lo chiedemmo lo scorso anno – il rumore di esibizioni e discorsi di ben conosciuti, e anche sanzionati, attori di imprese sanguinose, dimentichi delle loro incancellabili, pesanti responsabilità morali. Ma in questo senso si sono ancora verificati episodi che non posso passare sotto silenzio. Ad esempio, è possibile che a serie e oneste ricostruzioni filmiche (abbiamo visto stamattina delle belle immagini) della genesi e dello sviluppo, fino alla sconfitta, del terrorismo "di sinistra", debbano affiancarsi ricostruzioni basate su memorie romanticheggianti e autogiustificative di personaggi che ebbero parte attiva in quella stagione sciagurata?

Attenzione e rigore ho dovuto mostrare, in tempi recenti, nell'esercizio delle mie funzioni, nei rapporti con i Capi di Stato della Francia e del Brasile, per trattamenti incomprensibilmente indulgenti riservati a terroristi condannati per fatti di sangue e da lungo tempo sottrattisi alla giustizia italiana. Ho dovuto farlo, tra l'altro, per difendere il prestigio del nostro sistema democratico che, in coerenza con i principî costituzionali, ha dato e dà tutte le garanzie dovute nell'amministrazione della giustizia e anche nella gestione delle sanzioni penali. Spero che la mia voce sia ascoltata, in spirito di amicizia. Perché non si può scambiare l'eversione, l'attacco criminale allo Stato e alle persone, per manifestazione di dissenso o contestazione politica. Per quelle scelte, per quei comportamenti, non c'è giustificazione o attenuante possibile: nemmeno per chi l'abbia nel passato cercata nel clima e nei fatti dello stragismo.

Non verrò meno, comunque, ai miei doveri costituzionali in questo campo, certo di poter contare su un corrispondente impegno del Governo, del Parlamento, di tutte le istituzioni democratiche, ed egualmente su uno stimolo e su un sostegno che vengano dal paese, da iniziative diffuse, da forme crescenti di consapevole partecipazione giovanile, di cui ci hanno dato una così bella testimonianza i ragazzi di «Sedie vuote» e il libro da loro composto.

Dobbiamo insomma aver cura che si rafforzino tutte le condizioni indispensabili per portare avanti, per portare a compimento un giusto sforzo di ricomposizione storica, nella chiarezza, e di rinnovata coesione umana, morale e civile della nazione.

Alimentare la cultura della legalità

Torno in quest'aula con lo stesso sentimento che proviamo tutti insieme con Maria Falcone vedendo di anno in anno crescere la speranza, come lei ha detto, smuoversi le coscienze, come immaginava Paolo Borsellino, cambiare Palermo, formarsi i giovani del Sud e del Nord al culto della libertà e della legalità, e unirsi nel ricordo di Giovanni Falcone e Paolo Borsellino tutta la nazione: perché mai come in queste occasioni, attorno a queste immagini, a questi simboli, a queste memorie sentiamo di essere una nazione: una grande nazione, e una nazione unita.

Vedete, incancellabile resta nel mio animo l'emozione che mi colse in quel 23 maggio 1992, quando ebbi la notizia del fatale attentato a Giovanni Falcone, a Francesca Morvillo e ai coraggiosi uomini della loro scorta. Mi diede quella notizia il senatore Gerardo Chiaromonte, presidente della Commissione parlamentare antimafia, personalità di straordinaria integrità e dedizione allo Stato democratico, legatosi a Giovanni Falcone, come a Paolo Borsellino, in un limpido rapporto di reciproca stima e simpatia. Fu quello un momento terribile per tutti noi che sentimmo scricchiolare le istituzioni repubblicane sotto l'attacco diretto e spietato della mafia.

Intervento alla cerimonia «Per non dimenticare», nell'ambito della Giornata della Legalità. Palermo, Aula-bunker della Corte d'Appello presso il carcere dell'Ucciardone, 23 maggio 2009.

Quattro anni più tardi, avevo appena da qualche ora giurato come ministro dell'Interno del governo Prodi, quando sentii che il primo segno da dare del mio nuovo impegno era quello di volare qui a Palermo per partecipare alla cerimonia in memoria di Falcone convocata nel pomeriggio presso l'Assemblea regionale siciliana.

Nel luglio del 1993, ero stato a Catania da Presidente della Camera dei Deputati, per unirmi a una grande manifestazione in onore di Paolo Borsellino, nel primo anniversario del massacro ordito dalla mafia per eliminarlo.

È nel segno di questa continuità, da me profondamente sentita, che si colloca la mia presenza di oggi come Capo dello Stato, quello Stato che in Giovanni Falcone e in Paolo Borsellino ha avuto dei servitori eccezionali per lealtà e professionalità, dei grandi magistrati, dei coraggiosi e sapienti combattenti per la causa della legalità, in difesa della libertà e dei diritti dei cittadini.

Li ricordiamo, e sempre continueremo a ricordarli, come grandi esempi morali per i giovani e per tutta l'Italia: esempi di passione civica, di senso delle istituzioni, di abnegazione e spirito di sacrificio, fino all'estremo, nella lotta contro le forze del crimine, della violenza, dell'anti-Stato.

Ricordiamo nello stesso tempo Giovanni Falcone e Paolo Borsellino per raccogliere i frutti del loro impegno, per verificare quanto si sia andati avanti e come si debba andare ancora avanti sulla strada da loro tracciata. Quei frutti restano preziosi: ben diversa sarebbe la condizione della Sicilia e dell'Italia se non ci fosse stato in quest'aula lo storico maxiprocesso contro la mafia, istruito dal pool di Falcone e Borsellino e affidato, per il giudizio, alla Corte d'Assise presieduta da Alfonso Giordano, giudice a latere Pietro Grasso, affiancati dai sei giudici popolari.

Se il maxiprocesso e la sentenza che lo concluse nel dicembre 1987 segnarono una svolta decisiva nella lotta contro la mafia, essenziali furono i provvedimenti di legge che seguirono, anche su impulso della Commissione parlamentare antimafia e in risposta a un'offensiva sanguinosa che sarebbe culminata, appunto, nell'uccisione di Giovanni Falcone e di Paolo Borsellino. Lo stesso Falcone era stato il principale ispiratore, da direttore degli Affari Penali del Ministero della Giustizia, di quei provvedimenti, tra i quali la legge sui "pentiti" e nuove norme di sistema, sul piano processuale e penitenziario, capaci di meglio contrastare la criminalità organizzata, fino all'istituzione della Direzione Investigativa Antimafia e della Procura Nazionale Antimafia.

Tutto questo va ricordato, insieme con il tragico sacrificio della vita di Falcone e Borsellino. Li onoriamo e li ammiriamo come autentici eroi di quella causa della legalità, della convivenza civile, della difesa dello Stato democratico, con la quale si erano identificati; e insieme come costruttori di un più valido presidio giuridico e istituzionale di fronte alle sfide della criminalità organizzata. Le amarezze che Giovanni Falcone purtroppo conobbe non gli impedirono di fare fino in fondo la sua parte, lasciandoci in eredità strumenti preziosi da rafforzare e aggiornare via via e da impiegare con determinazione e coerenza. E a questo proposito è giusto rendere omaggio anche agli uomini di governo – in particolare ai Ministri della Giustizia e dell'Interno – e alle forze parlamentari che in quegli anni assecondarono gli sforzi e le idee di Falcone e Borsellino.

La mafia e altre organizzazioni criminali hanno da allora subito profonde evoluzioni e trasformazioni, assumendo nuove fonti delittuose di arricchimento e di estensione del loro potere, anche e in particolare attraverso collegamenti transnazionali sempre più penetranti e pericolosi. Lo Stato democratico deve quindi, procedendo decisamente oltre i rilevanti successi conseguiti anche di recente, fronteggiare – sul piano del contrasto di polizia e della repressione penale – la mafia e altre organizzazioni criminali in tutte le loro espressioni, quelle tradizionali tuttora perversamente operanti e quelle nuove, inserite in un contesto mondiale profondamente mutato. Ed esprimo la gratitudine dello Stato e della nazione alla magistratura e alle forze di polizia per i risultati di grandissimo rilievo che sono stati ottenuti e per l'impegno che quotidianamente portano avanti con serietà e spesso anche tra incomprensioni.

Molto si sta facendo, anche attraverso misure di legge (come quelle poco fa richiamate dai ministri Alfano e Maroni), sottoposte dal governo all'esame del Parlamento e in parte già approvate. In particolare, misure di prevenzione personale e patrimoniale, anche applicabili in modo disgiunto; nonché misure volte – lungo la strada aperta dalla legge Rognoni-La Torre – ad aggredire i patrimoni e il potere economico della mafia.

E anche in questa prospettiva di ulteriore innovazione e sviluppo dell'azione antimafia, si conferma vitale il ruolo di un'istituzione voluta da Falcone e Borsellino, la Procura Nazionale Antimafia, oggi guidata da un magistrato di incontestabile esperienza, dirittura e autorevolezza. Occorre più che mai assicurare alla Procura Nazionale Antimafia la possibilità di operare in un clima di piena, leale collaborazione e di esercitare integralmente le sue attribuzioni.

Infine, il ricordo di Giovanni Falcone e di Paolo Borsellino è dedicato anche, e in egual misura, all'altro versante fondamentale della lotta contro la mafia: quello della mobilitazione collettiva, del costante dispiegamento delle migliori energie della società civile, allo scopo di trasmettere e diffondere la memoria storica delle drammatiche e tragiche vicende vissute dall'Italia negli scorsi decenni, di alimentare la cultura della legalità, di affermare l'imperativo del resistere e reagire alle pressioni e intimidazioni della mafia. E a questo proposito, intendo esprimere il più profondo apprezzamento a tutte le associazioni antimafia, antiracket e antiusura, fino alle più recenti come «Addio pizzo» e «Liberofuturo», per il loro impegno e la loro tenacia; il più vivo apprezzamento per tanti imprenditori e commercianti che hanno alzato e stanno alzando la testa – ricordiamo l'indimenticabile Libero Grassi – e a organizzazioni come la Confindustria siciliana e quella nazionale per le scelte nette e coraggiose adottate e perseguite.

Sappiamo che contano altre cose importanti, per sconfiggere la mafia e la criminalità in Sicilia e nel Mezzogiorno. Conta, come ho già detto in precedenti occasioni, la qualità della politica, il prestigio delle istituzioni democratiche, l'efficienza e trasparenza delle pubbliche amministrazioni. Conta la crescita della coscienza civica e della fiducia nello Stato di diritto: fiducia che costituisce un vero e proprio "capitale sociale" e che può rafforzarsi solo in un clima di rispetto, in ogni circostanza, degli equilibri costituzionali da parte di tutti coloro che sono chiamati a osservarli. E conta ogni intervento capace di incidere sul divario tra Nord e Sud, sull'arretratezza, per molteplici aspetti, delle condizioni del Mezzogiorno, sulla carenza di prospettive di occupazione qualificata.

Anche nel perseguire questi obbiettivi, determinante può essere la sollecitazione, lo stimolo, la discesa in campo, un nuovo slancio di partecipazione democratica delle giovani generazioni. Saluto le loro rappresentanze radunatesi in questa solenne giornata a Palermo, anche grazie all'impulso e al sostegno del ministro Gelmini. E voglio rendere omaggio alle tante insegnanti, ai tanti insegnanti che si prodigano con passione e con vivo senso delle istituzioni e della Costituzione per fare della scuola italiana la scuola dei valori fondamentali: i valori della democrazia e della legalità.

Ragazze e ragazzi, è a voi che guardiamo, nello stringerci oggi nuovamente nell'abbraccio solidale ai familiari di Giovanni Falcone e di Paolo Borsellino e nel ricordo riconoscente del loro sacrificio e della loro opera.

La Costituzione, le istituzioni, il paese

Il 60° anniversario della Costituzione

Lo svolgersi di questa cerimonia, nonostante il momento di acuta crisi e incertezza politica che il paese sta vivendo, vale a sottolineare la distinzione e autonomia del tema costituzionale dalle alterne vicende dei partiti, delle maggioranze e dei governi. E mi si lasci aggiungere che conoscendo i motivi di inquietudine e di sfiducia che serpeggiano tra i cittadini, è confortante poter guardare tutti, senza spirito di parte, a un grande quadro di riferimento unitario come quello che l'Italia si diede con la Costituzione del 1948.

La ricorrenza dell'entrata in vigore di quella Carta non è d'altronde mai stata, di decennio in decennio, una mera occasione celebrativa.

Ci sono date che rimangono consegnate alla storia del paese, scandendone in modo significativo il divenire: esse vanno ricordate e valorizzate al fine di coltivare tra gli italiani la coscienza del comune passato storico. Ma la data del 1° gennaio 1948 è altro: perché ha segnato la nascita di qualcosa che ha continuato a vivere, è vivo e ha un futuro, una tavola di principî e di valori, di diritti e di doveri, di regole e di equilibri, che costituisce la base del nostro stare insieme animando una competizione democratica senza mettere a repentaglio il bene comune.

Discorso alle Camere riunite in occasione della celebrazione del 60° anniversario dell'entrata in vigore della Costituzione, Aula di Montecitorio, 25 gennaio 2008.

Il processo risorgimentale, il movimento per l'unità d'Italia, ebbe per compimento lo Stato nazionale, che assunse i lineamenti di uno Stato liberale ma senza il presidio di una Costituzione votata dai rappresentanti del popolo che prendesse il posto dello Statuto albertino concesso «per volontà sovrana». Fu – dopo la rottura autoritaria del ventennio fascista – con il voto e con la scelta repubblicana del 2 giugno 1946 che l'Italia unita giunse all'approdo del costituzionalismo. Da allora si può ben dire – mi sia consentito di richiamare questa espressione del messaggio da me rivolto al Parlamento nel giorno del giuramento – che «l'unità costituzionale» si è fatta «sostrato dell'unità nazionale». È tale convinzione che mi guida anche nel considerare il dibattito attuale sui temi istituzionali.

Già a sessant'anni dal voto del 2 giugno 1946, abbiamo avuto modo di rievocare «l'età della Costituente», che si snodò attraverso le tappe importanti della Consulta nazionale e dell'attività del Ministero della Costituente per sfociare negli intensi lavori dell'Assemblea Costituente eletta il 2 giugno a suffragio – per la prima volta – universale, e infine, il 22 dicembre 1947, nell'approvazione – a larghissima maggioranza – della Costituzione. Fu quella una delle stagioni più altamente costruttive e creative della nostra storia nazionale.

Il risultato cui si giunse fu possibile grazie a un confronto eccezionalmente ricco e approfondito e alla graduale confluenza – al di là dei contrasti e dei momenti di divisione che certamente non mancarono – tra le diverse correnti storico-culturali e politiche rappresentate nell'Assemblea Costituente. Appare ormai oziosa la disputa sul termine con cui definire quel risultato: se lo si definisce "compromesso", con ciò intendendo l'accordarsi su un'ibrida composizione di orientamenti divergenti e inconciliabili, non si coglie quel che nella Costituente vi fu di ascolto reciproco, di scambio e di avvicinamento sul piano ideale, di riconoscimento di istanze e sensibilità comuni; quel che vi fu di paziente ricerca di punti d'incontro e di soluzioni condivisibili, di accettazione degli esiti alterni della prova del voto su materie controverse, e dunque di spirito di moderazione e di senso della missione.

Ed è perché così nacque la Costituzione, che essa ha potuto presiedere nel corso dei decenni a quella complessiva grande trasformazione che ha fatto dell'Italia un paese moderno e altamente sviluppato, e ha potuto reggere a tante tensioni politiche e sociali, a tante nuove sollecitazioni e domande.

Sulle scelte che nel lungo periodo trascorso dall'entrata in vigore della Carta costituzionale hanno concretamente caratterizzato l'azione dello Stato e la crescita della società italiana, si sono via via espressi giudizi critici, anche radicalmente critici, e restano accese le controversie su non poche valutazioni di merito e d'insieme. Ma non ha senso imputare alla Costituzione errori e distorsioni che hanno rappresentato il frutto di una complessa dialettica politica. Occorre fare bene attenzione a non confondere indirizzi costituzionali e scelte politiche, responsabilità politiche. Da questa distinzione, e da un'analisi obbiettiva, emerge la vitalità dimostrata in sessant'anni dalla Costituzione, dai suoi principî e indirizzi fondamentali: anche dopo che lo scenario politico è radicalmente mutato.

Nessuna delle forze politiche che parteciparono all'elaborazione della Carta costituzionale, e che si contrapposero aspramente all'indomani della sua entrata in vigore, è rimasta in vita uguale a se stessa. Dalla crisi che ha investito, tra la fine degli anni '80 e l'inizio degli anni '90, il sistema dei partiti, e dall'avvio di una democrazia dell'alternanza, è scaturito un quadro di forze che in quanto competono per il governo del paese si riconoscono naturalmente nella Costituzione. Questa rappresenta più che mai – nella sua comprovata validità – un patrimonio comune. Nessuna delle forze oggi in campo può rivendicarne in esclusiva l'eredità, né farsene strumento nei confronti di altre. Possono solo tutte insieme richiamarsi ai valori e alle regole della Costituzione, e insieme affrontare anche i problemi di ogni sua specifica, possibile revisione.

Al centro del dibattito, nei primi decenni successivi all'entrata in vigore della Costituzione, si sono, in effetti, posti i problemi della sua attuazione. E molto si è detto sulla lentezza nonché su taluni aspetti di tale attuazione, non sempre apparsi convincenti.

Poi, la riflessione si è venuta spostando sull'evoluzione che ha conosciuto la nostra realtà costituzionale. Tale evoluzione si è compiuta innanzitutto grazie all'approvazione, nel corso di lunghi anni, da parte del Parlamento, di leggi che hanno fatto vivere importanti principî sanciti in Costituzione: come quelle a tutela della salute quale «fondamentale diritto dell'individuo e interesse della collettività», o sullo Statuto dei diritti dei lavoratori, o sul diritto di famiglia. Non meno forte è stato l'impulso venuto via via dalla giurisprudenza della Corte Costituzionale, che ha svolto una funzione insostituibile garantendo sia il rigoroso rispetto del dettato della Costituzione sia la sua apertura a nuove realtà ed esigenze. Un'apertura consentita dalla sapienza dei costituenti che – come nei suoi commenti osservò il maggior studioso protagonista dell'Assemblea – condusse a formulazioni che lasciassero «aperto l'adito all'accoglimento di significati non previsti né prevedibili al momento dell'emanazione» della norma costituzionale.

Il contributo evolutivo che è venuto in tal senso dalla Corte si è intrecciato con il fenomeno, davvero determinante, del processo di integrazione europea in cui l'Italia si è impegnata e riconosciuta fin dagli anni '50, nel solco di un'ispirazione straordinariamente anticipatrice come quella dell'Articolo 11 della Costituzione; al quale è di recente seguita, col nuovo Articolo 117, la piena assunzione dei «vincoli derivanti dall'ordinamento comunitario e dagli obblighi internazionali». I Trattati europei, le Carte dei principî e dei valori della Comunità e poi dell'Unione Europea, hanno costituito una fonte preziosa di conferma e di arricchimento degli indirizzi caratterizzanti la nostra Carta costituzionale.

Il più profondo elemento di identificazione tra la nostra Carta e l'orientamento dei Trattati europei può rintracciarsi nella concezione del primato della persona, del suo svolgimento e sviluppo su basi di libertà e di eguaglianza, della sua dignità come fondamento dei diritti dell'uomo e del cittadino. E se nella Costituzione italiana è mirabilmente definito, a partire dai Principî Fondamentali, l'insieme dei diritti di libertà, dei diritti civili e sociali da affermare, va salutato in piena coerenza con la visione dei nostri costituenti l'apporto delle Carte internazionali dei diritti e specialmente di quelle europee. Anche il Parlamento italiano sarà tra breve chiamato a ratificare il Trattato di recente sottoscritto a Lisbona, che sancisce nello stesso tempo l'adesione dell'Unione alla Convenzione europea dei diritti dell'uomo del 1950, già presidiata dalla Corte di Strasburgo, e il valore giuridico della Carta dei diritti fondamentali dell'Unione del dicembre 2000.

Anche formulazioni della Prima Parte della Costituzione del '48 come quelle relative ai Rapporti Economici, che in tempi recenti sono state oggetto in modo particolare di valutazioni polemiche, ricevono nuova luce dai Trattati europei sottoscritti dall'Italia. Il principio della libertà dell'iniziativa economica privata, che apre l'Articolo 41, è stato non smentito ma arricchito dallo svolgimento che ha avuto con la nascita della Comunità Europea, incentrata sulle «quattro libertà» poste a base della costruzione del Mercato Comune, e sulle regole, sempre più stringenti, di tutela della concorrenza.

Si guardi egualmente all'affermazione, nella Carta del '48, del principio di una comune responsabilità sociale e di un corrispondente ruolo dei pubblici poteri: quel principio, comune ad altre, coeve Costituzioni europee, fu suggerito dall'evoluzione del pensiero economico e delle politiche pubbliche in Occidente a partire dagli anni '30 del Novecento. Ed esso da ultimo si è rispecchiato nell'assunzione – nel Trattato costituzionale e ora in quello di Lisbona – dell'«economia sociale di mercato» come quadro di riferimento di una politica europea di sviluppo sostenibile.

A suggello di questa vera e propria integrazione tra gli indirizzi della Costituzione repubblicana e quelli dei Trattati europei, è stata da lungo tempo posta l'affermazione – da parte della Corte Costituzionale – della primazia del diritto comunitario. Nello stesso tempo, la nostra Carta è entrata a far parte del «patrimonio costituzionale comune» riconosciuto e valorizzato dalla Corte di Giustizia Europea.

Non a caso dunque, nemmeno negli ultimi decenni di intenso confronto sul tema delle riforme istituzionali, è stato portato avanti alcun progetto di revisione della Prima Parte della Costituzione repubblicana, né dei suoi Principî Fondamentali. Il confronto si è concentrato sulla Seconda Parte della Carta, sull'Ordinamento della Repubblica. D'altronde, la Carta del '48 non è mai stata considerata un tutto intoccabile. Si dimentica talvolta che in questi sessant'anni – tra il 1963 e il 2005 – sono stati modificati, sostituiti, aggiunti 38 Articoli o commi della Costituzione. Nella Prima Parte, l'Articolo in cui è stato introdotto il «diritto di voto dei cittadini residenti all'estero», e, più di recente, l'Articolo nel quale è stato inserito il comma sulle «pari opportunità tra donne e uomini». Nella Seconda Parte della Costituzione, l'intero Titolo V, e Articoli di particolare significato e rilievo, come quello che ha sancito, nel 1999, i principî – vale la pena di ricordarlo – del giusto processo.

Sull'ordinamento della Repubblica, il Parlamento è dunque intervenuto, attraverso apposite leggi costituzionali, ripetutamente, in legislature lontane e vicine ai nostri giorni. Ma ben al di là di ciò si è più volte aperto il confronto su revisioni di assai più ampia portata, tali da investire anche la forma di governo disegnata nella Costituzione del '48. A questo proposito risulta ancor oggi indicativo il progetto presentato nel 1994 dalla Commissione bicamerale allora presieduta dall'onorevole Iotti. Indicativo nel senso che esso si riallacciò a posizioni già emerse nel dibattito svoltosi in seno all'Assemblea Costituente.

Non sfuggì infatti, in quel dibattito, il rischio che l'ordinamento della Repubblica presentasse il punto debole di un'insufficiente garanzia della stabilità dell'azione di governo: stabilità legata anche – come l'esperienza politica e istituzionale dei decenni successivi avrebbe meglio chiarito – al grado di efficacia dei processi decisionali. Si è richiamato e si richiama, nelle discussioni su questi temi, come particolarmente significativa l'approvazione largamente maggioritaria, nel settembre 1946, da parte dell'apposita Sottocommissione dell'Assemblea Costituente, dell'ordine del giorno Perassi. Se ne è ricordata la formulazione severamente ammonitrice: ci si pronunciò «per l'adozione del sistema parlamentare da disciplinarsi tuttavia con dispositivi costituzionali idonei a tutelare le esigenze di stabilità dell'azione di governo e ad evitare le degenerazioni del parlamentarismo». Ma quei «dispositivi» non vennero adottati dai costituenti per preoccupazioni e ragioni – legate a quella fase politica – che in sede di analisi storica si è cercato di ricostruire.

Il filo di quell'approccio sarebbe stato ripreso solo molti decenni dopo, con le proposte contenute – come ho appena ricordato – nel progetto di riforma del 1994, il primo sottoposto al Parlamento dopo le ampie discussioni e conclusioni della precedente Commissione Bozzi. È tuttavia un dato di fatto che tale progetto, per circostanze politico-istituzionali ben note, non poté essere discusso e votato nelle Assemblee di Camera e Senato, pur avendo ottenuto un ampio consenso in Commissione.

Ed è un dato di fatto, ancor più rilevante, l'accantonamento che alcuni anni più tardi toccò in sorte ad altro, più ambizioso progetto di revisione della Seconda Parte della Costituzione, elaborato nel 1997 dalla Commissione bicamerale presieduta dall'onorevole D'Alema ed esaminato in Assemblea dalla Camera dei Deputati tra il gennaio e il maggio del 1998. Se si considera come al mancato coronamento di quello sforzo pur dispiegato con grande dispendio di energie e ricchezza di contributi, e in uno spirito di ricerca della più larga unità, sia seguita la vicenda della legge di modifica della Parte Seconda della Costituzione approvata nel 2005 dal Parlamento a maggioranza ma respinta nel successivo referendum popolare confermativo, è giocoforza trarne alcune conclusioni.

Innanzitutto, sono risultate non sufficientemente riconosciute le esigenze, e non mature le condizioni, di un'opera di complessiva riscrittura del testo costituzionale sull'ordinamento della Repubblica. È questa una constatazione oggettiva, che prescinde da ogni valutazione polemica sulle posizioni e sulle responsabilità dei diversi schieramenti politici.

Nello stesso tempo, risulta perfettamente comprensibile e perseguibile l'intento di procedere alla revisione di specifiche norme costituzionali, che si giudichino non più rispondenti a esigenze di corretta ed efficace articolazione dei poteri nel sistema delle istituzioni repubblicane.

Tali esigenze non possono essere negate né minimizzate. È vero che a partire dall'inizio degli anni '80 si adottarono modifiche nei regolamenti parlamentari, mentre altre sono successivamente intervenute nella prassi, che hanno accresciuto le garanzie per un più tempestivo e sicuro svolgimento dell'azione di governo, per un più sostenibile equilibrio tra prerogative del Parlamento e diritto-dovere di governare. Ma non c'è dubbio che restino e si manifestino squilibri e distorsioni, fattori di confusione e di tensione su diversi piani: nei rapporti tra legislativo ed esecutivo, e anche nei rapporti tra istituzioni centrali e istituzioni regionali e locali; si è di queste ultime potenziata l'autonomia, allargata l'area di responsabilità e di decisione, superando un vecchio modello di Stato accentrato, ma senza trarne tutte le conseguenze. Ebbene, è innegabile che alle diverse persistenti contraddizioni e inadeguatezze dell'ordinamento della Repubblica si possa porre riparo intervenendo su alcune disposizioni della Seconda Parte della Costituzione.

Ho perciò più volte auspicato che in quella direzione le forze politiche si impegnassero avviando un realistico confronto – nella ricerca del necessario e possibile consenso – su talune, essenziali e ben delimitate proposte di riforma dell'ordinamento costituzionale. Proposte che abbiano loro ragioni, di più lungo periodo, rispetto a un distinto e parallelo cammino – che pure ho auspicato – di riforma elettorale. Più in generale, ogni discorso sulla Costituzione deve prescindere da calcoli contingenti, caratterizzarsi per la sua autonomia e la sua ponderazione.

Naturalmente, qualsiasi posizione culturale o politica favorevole a più drastici mutamenti del modello di riferimento della Seconda Parte della Costituzione repubblicana può essere legittimamente sostenuta nel dibattito pubblico. Ma siffatti eventuali mutamenti vanno colti e prospettati nella loro complessità; le loro implicazioni e le loro incognite non possono essere eluse, ed è bene rifuggire – nell'ipotizzarli – da semplificazioni e miracolismi.

Un problema di equilibri istituzionali si pone comunque in un sistema democratico. Nell'unico paese europeo in cui sia stato introdotto il regime semipresidenziale, con l'elezione di un Capo dello Stato partecipe dell'esercizio di poteri di governo, è oggi in corso un processo di riforma dettato anche dal riconoscimento di una carenza di "contropoteri", e dunque rivolto, tra l'altro, al «riequilibrio delle istituzioni», al rafforzamento del ruolo del Parlamento, al riconoscimento del ruolo dell'opposizione. E negli Stati Uniti, nel sistema presidenziale per eccellenza, opera un forte Parlamento, opera un insieme di controlli e bilanciamenti che ha fatto grande la democrazia americana.

In realtà, dovunque, quale che sia il quadro istituzionale, la speditezza del processo decisionale è chiamata a fare i conti con la realtà dei conflitti e dei rapporti di forza politici. Se per l'Italia la via concretamente perseguibile, la più ponderata e saggia è – secondo l'opinione di molti – quella di un riequilibrio entro la forma di governo parlamentare, si deve essere ben consapevoli del fatto che la stabilità dei Governi e la tempestività delle decisioni, anche legislative, resteranno sempre legate in non lieve misura al livello di aggregazione e di coesione tra le forze politiche che si alternano alla guida del paese, al loro grado di rappresentatività, alla loro autorevolezza.

La ricorrenza del 60° anniversario dell'entrata in vigore della Costituzione ci sollecita a un grande impegno comune per porre in piena luce i principî e i valori attorno ai quali si è venuta radicando e consolidando l'adesione di grandi masse di cittadini di ogni provenienza sociale e di ogni ascendenza ideologica o culturale al patto fondativo della nostra vita democratica. Quei principî vanno quotidianamente rivissuti e concretamente riaffermati: e, ben più di quanto non accada oggi, vanno coltivati i valori – anche e innanzitutto morali – che si esprimono nei diritti e nei doveri sanciti nella Costituzione. Nei doveri non meno che nei diritti. Doveri, a cominciare da quelli «inderogabili» di solidarietà politica, economica e sociale, che debbono essere sollecitati da leggi e da scelte di governo, ma debbono ancor più tradursi in comportamenti individuali e collettivi.

Non posso non rilevare come invece troppi siano oggi i casi di non osservanza delle leggi e delle regole, di scarso rispetto delle istituzioni ma anche di scarso senso del limite nei rapporti tra le istituzioni, di indebolimento dello spirito civico e, in ciascuno, del senso delle proprie responsabilità. Così come non posso non esprimere allarme per ogni smarrimento di valori essenziali come quello della tolleranza e della libertà di confronto tra diverse posizioni di pensiero e ideali. Da tutto ciò traggo più che mai l'incitamento a un forte ancoraggio nei principî e nello spirito della Costituzione nata sessant'anni orsono.

L'Italia vive, insieme con l'Europa, tutte le incognite, le sfide e le tensioni del mondo che ci circonda, con le sue molteplici, incalzanti trasformazioni. È mia convinzione – da voi, ne sono certo, sostanzialmente condivisa – che non manchino al nostro paese le forze per superare le prove di questa fase storica e di questo cruciale momento. È però necessario porre mano a quel rinnovamento della vita istituzionale, politica e civile, in assenza del quale la comunità nazionale, in tutte le sue parti, sarebbe esposta a crisi gravi.

La condizione del successo è in un concorso di volontà che non può, non deve mancare. Un concorso di volontà più forte di tutte le ragioni di divisione, pur nello svolgimento di una libera dialettica politica e sociale. Ci unisce e ci incoraggia in questo sforzo la grande, vitale risorsa della Costituzione repubblicana. Non c'è terreno comune migliore di quello di un autentico, profondo, operante patriottismo costituzionale. È questa la nuova, moderna forma di patriottismo nella quale far vivere il patto che ci lega: il nostro patto di unità nazionale nella libertà e nella democrazia.

Politica e giustizia

Colgo l'occasione per rivolgere qui un augurio particolarmente caloroso al nuovo ministro della Giustizia, presidente Luigi Scotti, già autorevole magistrato e componente del Consiglio Superiore; le sue qualità professionali e organizzative gli consentiranno di svolgere con alto senso delle istituzioni, in un momento particolarmente delicato e complesso, l'incarico affidatogli.

Non vi stupirete – penso – signori consiglieri, se inizierò il mio intervento interrogandomi sulla stessa scelta del tema cui abbiamo deciso – me consenziente e partecipe – di dedicare questa discussione. Sappiamo benissimo, naturalmente, che si è trattato di una scelta suggerita dall'accumularsi nel tempo e dal recente acuirsi di tensioni che hanno riproposto come nodo particolarmente delicato e critico quello dei rapporti tra politica e giustizia. Ma alcuni chiarimenti preliminari sono necessari e opportuni.

Innanzitutto, il tema di cui abbiamo ritenuto di dover discutere specificamente non può essere isolato dalle problematiche generali, riproposte organicamente in occasione della recente inaugurazione dell'anno giudiziario. Problematiche relative al funzionamento del "servizio giustizia" o, se si preferisce, alla valorizzazione e al riconoscimento – in un rinnovato rapporto di fiducia con i cittadini – di quell'impegno

Intervento alla seduta del Consiglio Superiore della Magistratura. Roma, Palazzo dei Marescialli, 14 febbraio 2008.

corretta ed efficace amministrazione della giustizia che è presidio fondamentale dello Stato di diritto. Capisco che questo richiamo al quadro di insieme cui ricondurre anche il tema del rapporto tra politica e giustizia può apparire ovvio o pacifico. Ma non sono certo che sempre, nella pratica, questo quadro, questo nesso sia da tutti ben tenuto presente: si ha talvolta l'impressione che da una parte o dall'altra si finisca per smarrirlo.

Di qui anche l'altro mio interrogativo: si può finalmente dar luogo a un confronto sul tema che ci interessa e preoccupa, senza che le voci provenienti dal mondo della politica e dal mondo della magistratura siano contrassegnate da complessi difensivi e da impulsi di ritorsione polemica? Mi auguro che sia possibile, e che proprio questa discussione in seno al Consiglio Superiore della Magistratura possa darne la prova.

La politica e la giustizia, i protagonisti, e ancor più le istanze rappresentative, dell'una e dell'altra, non possono percepirsi ed esprimersi come mondi ostili, guidati dal sospetto reciproco, anziché uniti in una comune responsabilità istituzionale. E a chi vi parla tocca dare il contributo più obbiettivo e disinteressato alla piena affermazione di quella comune responsabilità. A ciò corrispondono rilievi e inviti che ho formulato in alcune occasioni, intervenendo in questo Consiglio: solo impropriamente e strumentalmente si è potuto riferirli a un qualche intento polemico particolare, in relazione a vicende del momento.

Aggiungo che considero fuorviante attribuirmi la tendenza a una salomonica equidistanza, come se a me spettasse dividere i torti e le ragioni tra due parti in conflitto, e non richiamare tutti al rispetto di regole, esigenze, equilibri che il nostro ordinamento repubblicano ha per tutti reso vincolanti.

Quale sia l'ispirazione che mi guida, e quali i fatti che mi preoccupano, ho detto di recente nel mio discorso in Parlamento per il 60° anniversario della Costituzione: «troppi sono oggi i casi di non osservanza delle leggi e delle regole, di scarso rispetto delle istituzioni ma anche di scarso senso del limite nei rapporti tra le istituzioni». E a proposito, in particolare, dei rapporti tra politica e giustizia, e tra le rispettive istituzioni, già nel saluto augurale rivolto alle alte cariche dello Stato per le festività natalizie, avevo messo in guardia contro «l'accendersi, ancora una volta, di una deleteria spirale che procurerebbe grave danno sia alle forze e alle istituzioni politiche sia alla magistratura, in definitiva alla causa della giustizia nell'interesse dei cittadini e dello Stato».

La rigorosa osservanza delle leggi, il più severo controllo di legalità, rappresentano un imperativo assoluto per la salute della Repubblica, e dobbiamo avere il massimo rispetto per la magistratura che è investita di questo compito essenziale. Anche nella cerimonia di inaugurazione dell'anno giudiziario della Corte dei Conti, il Presidente e il Procuratore Generale hanno formulato gravi rilievi in ordine alla diffusione delle pratiche di corruzione e di altre violazioni della legge penale. Si tratta di fenomeni devianti di cui le forze politiche debbono avere consapevolezza, ponendovi argine nell'ambito delle loro responsabilità. E nei casi in cui quei fenomeni siano obbiettivamente riconducibili anche a persone che svolgono attività politica e ricoprono incarichi pubblici, dev'esser chiaro che l'investitura popolare, diretta o indiretta, non può diventare privilegio esonerando chicchessia dal confrontarsi correttamente col magistrato chiamato al controllo di legalità.

Chi svolge attività politica non solo ha il diritto di difendersi e di esigere garanzie quando sia chiamato personalmente in causa, ma non può rinunciare alla sua libertà di giudizio nei confronti di indirizzi e provvedimenti giudiziari. Ha però il dovere di non abbandonarsi a forme di contestazione sommaria e eralizzata dell'operato della magistratura; e deve uperarsi dalla tendenza a considerare la politica in quanto tale, o la politica di una parte, bersaglio di un complotto da parte della magistratura.

Un analogo complesso di diffidenza e di reattività difensiva si coglie anche, talvolta, negli atteggiamenti di quanti operano nell'amministrazione della giustizia e rappresentano l'ordine giudiziario.

Bisogna dissipare questa duplice cortina di pregiudizio e di sospetto. E ai magistrati spetta in questo senso fare la loro parte. Molto apprezzabili, nella loro essenzialità, mi sono perciò sembrate le osservazioni contenute nella premessa della relazione svolta il 25 gennaio scorso dal Presidente Carbone: «Occorre che ogni singolo magistrato sia pienamente consapevole della portata degli effetti, talora assai rilevanti, che un suo atto può produrre»; che può produrre – ha sottolineato a sua volta il Presidente della Corte dei Conti – «anche al di là delle parti processuali». Al senso del limite e della responsabilità deve accompagnarsi lo scrupolo necessario per non cedere alla "esposizione mediatica", l'impegno a «ricreare – sono ancora parole del Presidente Carbone – un giusto clima di rispetto, riservatezza e decoro intorno al processo». E sullo stesso tema è intervenuta una settimana fa l'Autorità per le Garanzie nelle Comunicazioni, deliberando un Atto di indirizzo puntuale e fermo contro il rischio di un sovrapporsi della televisione alla funzione della giustizia, attraverso «la tecnica della spettacolarizzazione dei processi» e la suggestione di «teoremi giudiziari alternativi». Grande rilievo può a questo proposito assumere l'individuazione, da parte del Consiglio Superiore, di percorsi formativi che sviluppino nei magistrati modelli di comportamento ispirati alla discrezione e alla misura.

È, infine, parte importante del senso del limite non sentirsi investiti di missioni improprie: il magistrato non deve dimostrare alcun assunto, non certamente quello di avere il coraggio di «toccare i potenti», anche contravvenendo a regole inderogabili. Né può considerarsi chiamato a colpire il malcostume politico che non si traduca in condotte penalmente rilevanti. La sola, alta missione da assolvere è quella di applicare e far rispettare le leggi, attraverso un esercizio della giurisdizione che coniughi il rigore con la scrupolosa osservanza dei principî del giusto processo, delle garanzie cui hanno diritto tutti i cittadini. Come ha appena ribadito in una sua sentenza la Sezione disciplinare del Consiglio Superiore, «il principio di soggezione soltanto alla legge, lungi dal riconoscere un potere arbitrario, costituisce per il magistrato un vincolo che gli impedisce di finalizzare o condizionare la propria attività a obbiettivi diversi da quelli dell'affermazione del diritto».

Perciò, in precedenti nostri incontri qui, ho ritenuto di dover sollecitare la necessaria cautela quando si valutino gli «elementi indiziari nel decidere l'apertura del procedimento e a maggior ragione l'adozione di misure cautelari»: sapendo tra l'altro che il problema irrisolto della durata del processo rende poco credibile l'argomento secondo il quale ogni provvedimento giudiziario può trovare nel sistema le sue correzioni. E con lo stesso spirito ho espresso altre, pacate raccomandazioni.

A presidio di regole sancite per legge e di norme di comportamento, a entrambe le quali debbono sottostare quanti sono chiamati a indagare e giudicare, si pone l'esercizio obbligatorio dell'azione disciplinare, che va condotto con tempestività e rigore, come ha sottolineato il Procuratore generale della Corte di Cassazione nel suo intervento all'inaugurazione dell'anno giudiziario. Si tratta di una funzione che anche il Consiglio Superiore della Magistratura è chiamato a svolgere senza esitazioni e indulgenze, ignorando pressioni politico-mediatiche irrispettose delle ragioni e delle procedure dell'azione disciplinare. Esercitando prontamente tale azione, si rende un importante servigio alla magistratura e al suo organo rappresentativo, accrescendone il prestigio e l'autorità e dando maggior forza alla tutela dell'autonomia e dell'indipendenza dell'ordine giudiziario.

È egualmente importante che i titolari dei poteri di vigilanza segnalino tempestivamente i contrasti all'interno degli uffici, la cui tardiva conoscenza e risoluzione può compromettere la credibilità della magistratura.

Credo per intima convinzione nel ruolo di quel Consiglio Superiore che i costituenti disegnarono in una visione tendente a scongiurare – nell'esercizio dei poteri di governo della magistratura – rischi di chiusura e autoreferenzialità. Essenziali ne rimangono in tale visione la capacità di libero giudizio e l'equilibrio delle decisioni al di fuori di qualsiasi compiacenza corporativa. Credo nell'unità del Consiglio, che non tollera separazioni e tantomeno contrapposizioni tra membri togati e membri di designazione parlamentare, di qualsiasi schieramento. Credo infine nella sua capacità di concorrere a un dibattito elevato sui problemi della giustizia, e anche sul tema del rapporto con la politica, le sue forze organizzate e le sue istituzioni rappresentative: garantendo il massimo apporto della magistratura al superamento delle insufficienze del sistema giustizia e chiedendo quel che è giusto chiedere – a cominciare da una svolta nella qualità della produzione legislativa – a chi sarà chiamato a operare in Parlamento e a governare il paese. E rinnovo la mia piena fiducia nel Vice Presidente senatore Mancino, per l'impegno, la competenza, l'assoluta correttezza con cui ha assolto e quotidianamente assolve il suo mandato.

La Costituzione domani

Al 60° anniversario della Costituzione repubblicana sono state dedicate, in gran numero e in forme assai varie, iniziative succedutesi nel corso di tutto il 2008. Iniziative istituzionali, elaborazioni e ricerche, incontri pubblici, conferenze e dibattiti nelle scuole e nelle università, rappresentazioni teatrali e trasmissioni televisive. Credo di poterne trarre qualche motivo di soddisfazione; e considero quello di oggi quasi un momento conclusivo della lunga serie di eventi che ho ricordato. Non è poi per me senza significato che esso abbia luogo – promosso dalla Fondazione intitolata a Gianni Pellicani, a me sempre così caro nel ricordo – qui a Venezia, nel cuore di una regione profondamente trasformatasi e divenuta, dai primi anni Duemila, protagonista di un nuovo dinamismo politico-istituzionale.

Nel discorso tenuto nel gennaio scorso dinanzi al Parlamento, sostenni che la ricorrenza dell'entrata in vigore della Carta costituzionale non potesse risolversi in «mera occasione celebrativa»: un rischio non difficile da evitare sol che si avesse presente la natura stessa di quel che accadde il 1° gennaio 1948. Non fu il compiersi di un avvenimento storico in sé concluso, ma il nascere di «qualcosa – come ebbi a dire – che ha continuato a vivere, è vivo e ha un futuro – una

Intervento al convegno «La Costituzione domani. Nel 60° anniversario della Carta fondamentale della Repubblica». Venezia, Palazzo Ducale, Sala dello Scrutinio, 18 settembre 2008.

tavola di principî e di valori, di diritti e di doveri, di regole e di equilibri, che costituisce la base del nostro stare insieme animando una competizione democratica senza mettere a repentaglio il bene comune». E proprio perché di questo si tratta, si pone oggi l'esigenza di un rinnovato, consapevole ancoraggio alla Costituzione: esigenza che appare tanto più forte quanto più si avverta un pericolo di disorientamento della comunità nazionale, per l'indebolirsi della sua coesione e del suo tessuto ideale e civile. La Carta del '48 è sotto questo profilo una riserva preziosa su cui far leva, purché ci si impegni innanzitutto a «bucare il velo d'ignoranza che la circonda»: facendone conoscere e studiare il testo, facendone cogliere le virtualità e gli stimoli critici. È un impegno che deve assolutamente continuare, ben oltre il 60° anniversario della Costituzione repubblicana.

Impegno di riflessione la più aperta, come si conviene a un prodotto storico operante, di cui nessuno può fare «un'icona». Della Carta del '48 si deve però innanzitutto registrare – e questo non è un omaggio rituale – la tenuta e la vitalità di fronte all'urgere e al compiersi del processo di grande trasformazione e modernizzazione che l'Italia ha conosciuto nei decenni successivi. La Carta ha saputo presiedere a un tale processo, accompagnarne anche le molteplici tensioni, grazie, tra l'altro, alla saggezza e lungimiranza di formulazioni che vennero pensate in modo da poter risultare non chiuse ma idonee al recepimento di istanze e sollecitazioni poco o per nulla prevedibili al momento della definizione di quel testo.

È stata dunque possibile, e si è compiuta, un'evoluzione: il dettato costituzionale è passato attraverso non una manipolazione, ma un'interpretazione intelligente, non dogmatica, attenta alle condizioni e sensibilità nuove della società e a nuovi contesti internazionali. Fondamentale a questo proposito è stato l'assecondare il processo di costruzione europea di cui l'Italia si è fatta attivamente partecipe: non è eccessivo parlare di una vera e propria integrazione tra gli indirizzi della Costituzione repubblicana e quelli dei Trattati europei.

È questa concezione non statica della Costituzione che va affermata, se si vuole valorizzarne il messaggio e la fecondità: facendo attenzione, certo, a non indulgere a un'improduttiva mitizzazione ma anche a non cedere alla retorica del "superamento", quasi per limiti di età, della Carta del '48. Nei confronti della quale non ci interessano i *lip service*, gli omaggi a fior di labbra, ma egualmente non portano da nessuna parte gli atteggiamenti liquidatori.

Quel che ci interessa è come far vivere in questa fase storica la Costituzione repubblicana, in rapporto a domande della società e attese dei cittadini che non hanno finora trovato sbocco. Esse richiedono sforzi ulteriori sul piano dell'analisi e dell'interpretazione del dettato costituzionale, scelte di riforma o di più conseguente attuazione di norme insoddisfacenti o rimaste lettera morta.

Scelte di riforma. Sono persuaso che esse siano da perseguire e possano essere condivise, se mirate, volte specificamente a garantire la soluzione di alcuni problemi da tempo sul tappeto, come ad esempio quello dell'abbandono del bicameralismo ancora vigente e dell'istituzione di una Camera delle regioni o delle autonomie. Sono invece egualmente convinto che ripercorrere la strada, già risultata impraticabile, di una riscrittura complessiva, sia pure della sola Seconda Parte della Carta del '48, sarebbe un tentativo velleitario e dannoso. Che la Costituzione non sia intoccabile lo dimostra il semplice fatto che tra il 1963 e il 2005 sono stati modificati, sostituiti, aggiunti 38 Articoli o commi, anche di notevole rilievo. Sto solo mettendo in guardia dal rischio di nuove, defatiganti e inconcludenti, progettazioni di riforma globale della Carta.

Scelte di più conseguente attuazione di norme già fissate in Costituzione. Qui il discorso cade in particolare sul Titolo V, riformato nel 2001. Nessuna parte politica può negare che sia venuto il momento di entrare nel merito, stringere il confronto, cercare impostazioni concrete e convincenti per dar vita al sistema disegnato nell'Articolo 119, ormai comunemente classificato come «federalismo fiscale».

Approfondimenti o ripensamenti su vari aspetti del Titolo V sono legittimi, possono da qualche parte considerarsi necessari, ma debbono risolversi ormai in una meditata e ponderata impostazione della legge voluta dall'Articolo 119. Questo non è solo un dovere di attuazione costituzionale, ma è un imperativo di chiarezza e di razionalizzazione che non può essere ulteriormente eluso se si vuole giungere a un assetto efficiente e trasparente dei pubblici poteri e con essi degli interventi centrali e locali necessari nell'interesse dei cittadini, dello sviluppo economico e sociale e della vita democratica.

Voglio dire francamente questa sera – toccando l'attualità – che se si mettono a confronto gli orientamenti – in materia di federalismo fiscale – annunciati dall'attuale governo, quelli presentati in Parlamento dal precedente governo, quelli formulati dalle regioni e quelli delineati da forze dell'opposizione, si può constatare obbiettivamente l'emergere di assonanze e convergenze significative tra le rispettive impostazioni. Non sono ovviamente da sottovalutare le persistenti distanze su punti rilevanti e le difficoltà insite nella stessa natura di una legge delega. Ma credo non si debba essere pessimisti sulle possibilità di un approdo largamente condiviso, se il confronto verrà avviato e condotto, in Parlamento e in altre sedi di concertazione istituzionali, con metodo accorto, con reciproca attenzione, con volontà di avvicinamento tra i diversi punti di vista, senza nervosismi e forzature, e con quel senso della gradualità che in questa materia è indispensabile.

Sappiamo peraltro che qualsiasi discussione di merito, puntuale anche tecnicamente, va illuminata da una visione complessiva della vicenda storica e dell'assetto attuale dell'ordinamento della Repubblica, e quindi del futuro che gli si vuole aprire. Ed è a ciò che si sono riferite essenzialmente le relazioni dei professori Bertolissi e Duso.

Da un lato, la Costituzione, i suoi principî e valori, le sue scelte e il loro possibile svolgimento, dall'altro la realtà dell'organizzazione effettiva dei poteri e apparati pubblici, quel che è rimasto o è divenuto lo Stato nei decenni repubblicani.

L'impianto costituzionale non è stato toccato per quel che riguarda la forma di governo. Parlamentare, come si sa, ma senza che in Assemblea Costituente si riuscisse a disciplinarla, come venne proposto, con dispositivi costituzionali idonei a tutelare le esigenze di stabilità dell'azione di governo: questione che è rimasta aperta e andrebbe riesaminata, nei suoi termini concreti, senza tornare ad accendere un vano conflitto sul cambiamento della forma di governo.

La forma di Stato sancita dalla Carta del '48 è stata invece modificata, sul piano costituzionale, dalla riforma del Titolo V. Ma a parte la mancata attuazione, fino a questo momento, di tale riforma – ne ho parlato poc'anzi – quanto è rimasto contraddittorio lo stesso impianto costituzionale o, rispetto a esso e alle sue promesse, il modo di essere effettivo dello Stato italiano? E quanto di questa contraddizione è imputabile a letture e interpretazioni del testo costituzionale, magari suggerite da sue aporie e ambiguità? Si tratta di domande complesse, cui non si confanno risposte sommarie, ma che stimolano ancora pacate riflessioni. Io mi limiterò a qualche considerazione personale, suggeritami dalla lunga esperienza vissuta in ambiti politici e istituzionali.

L'unità e indivisibilità della Repubblica resta valore storico e principio regolatore fondamentale, di certo non negoziabile, che dubito possa avere operato da «narcotico», come qui immaginosamente si è detto, ma che non è stato colto – molti sono gli esempi che lo confermano – nella sua inscindibilità dall'impegno, sancito nello stesso Articolo 5 della Carta, a «riconoscere e promuovere» le autonomie locali, ad adeguare la legislazione «alle esigenze dell'autonomia e del decentramento». La corrente di pensiero federalista, che dal Risorgimento si era proiettata tra le componenti della scuola democratico-antifascista (forse bisognerebbe, qui in Veneto, recuperare e valorizzare maggiormente il contributo di Silvio Trentin) non ebbe gran voce nell'Assemblea Costituente. Ma se si può storicamente comprendere l'assillo – in quei primi anni successivi alla terribile lacerazione dell'«Italia tagliata in due» – di consolidare una appena salvata unità nazionale, è importante osservare che proprio per mettere al riparo quell'unità si scelse allora di dar vita alla assoluta novità delle cinque regioni a Statuto speciale, costituzionalizzandole.

Fu quello un segno inequivoco della consapevolezza largamente condivisa, di fronte a insidie separatiste e a delicati contenziosi internazionali, che una riforma in senso autonomistico dello Stato fosse divenuta condizione per riaffermarne l'unitarietà. Superati i momenti critici dell'immediato dopoguerra, quella consapevolezza finì quasi per smarrirsi. E la tardiva attuazione, nel 1970, delle Regioni a statuto ordinario sarebbe poi risultata un'occasione fondamentalmente perduta per una compiuta trasformazione, e una chiara riorganizzazione, in senso autonomistico, dei poteri e degli apparati pubblici.

Quel che occorre oggi – in una fase cruciale di confronto sul federalismo costituzionale e sulla riforma dell'attuale bicameralismo parlamentare – è proprio la piena riacquisizione di una visione, che era *in nuce* nella Costituzione del 1948, dell'unità nazionale come inseparabile, e destinata a trarre maggior forza e consenso, da un'articolazione pluralistica e autonomistica.

Si tratta di un impegno di grande portata e respiro da affrontare, insieme con la discussione più vicina da condurre sul terreno legislativo in sede parlamentare. Parlo di un impegno politico e culturale, che può dare un contributo prezioso di chiarificazione anche nella ricerca delle soluzioni per il federalismo fiscale. Ed è giusto collocare – come ha suggerito il professor Duso – quell'impegno di riflessione e di dibattito nel più ampio orizzonte europeo, fatta salva peraltro la peculiarità del processo di integrazione europea e dei dilemmi che esso propone dopo aver aperto la strada originale di una sovranità condivisa e plurale, ma presentando, fin dall'inizio, tratti costituzionalistici in un involucro internazionalistico.

In Italia, deve porsi in particolare un forte accento sul rapporto tra un più coerente disegno evolutivo in senso autonomistico e federalistico dell'ordinamento della Repubblica e il superamento di quel persistente, e perfino aggravato, divario tra Nord e Sud che denuncia la storica incompiutezza dell'unificazione nazionale. Ciò richiede la più chiara manifestazione di volontà nel combattere chiusure ed egoismi nelle regioni più sviluppate, nel tener fede concretamente al principio di solidarietà e nel chiamare al tempo stesso le regioni del Mezzogiorno, alla pari di tutte le altre, alla prova della responsabilità – parola-chiave, lo penso anch'io – per l'uso economico e il rendimento qualitativo delle risorse pubbliche, nazionali ed europee.

Desidero concludere richiamando quel che ha scritto il professor Bertolissi: «La Costituzione del domani credo debba essere questa che già oggi, invariata nel suo dettato, è in grado di assicurare un futuro a coloro che la eleggono a loro guida e presidio». Sì, così bisogna sentirla e farla vivere in sintonia con quel che è cambiato e cambia in noi e attorno a noi.

Che così si dovesse intendere la Costituzione lo aveva ben compreso Piero Calamandrei, le cui posizioni in Assemblea Costituente furono tra le più problematiche e travagliate, ma che fu poi tra i più appassionati protagonisti della denuncia di ogni mancata attuazione della Costituzione. Egli sapeva che a conclusione di un dibattito pur segnato da serie divergenze e da soluzioni controverse, era stata approvata una Carta in cui c'era tutta la nostra storia di italiani e in pari tempo il seme del nostro comune futuro. Perché essa fu in definitiva quel che egli aveva auspicato dicendo: «(...) è un errore formulare gli Articoli della Costituzione con lo sguardo fisso agli eventi vicini, (...) alle amarezze, agli urti, alle preoccupazioni elettorali dell'immediato avvenire. (...) La Costituzione deve essere presbite, deve vedere lontano, non essere miope».

Un valente studioso, citando di recente quel passaggio del discorso di Calamandrei alla Costituente, lo ha commentato con queste parole, che vorrei far mie: «La Costituzione repubblicana per fortuna non è nata presbite. Il nostro compito di eredi di questo grande patrimonio è di salvaguardarlo dai miopi».

Quel che il paese si attende

Il 2008 è stato attraversato in Italia da crisi politiche e nuove elezioni generali, cui è conseguito un netto cambiamento di maggioranza parlamentare, e quindi l'immediato avvio di un'intensa attività di governo, nonché, ben presto, il riproporsi di rilevanti problemi di carattere istituzionale.

Ma l'evento che ha finito per imporsi su ogni altro, nella seconda metà dell'anno, è stato l'esplodere di una crisi finanziaria globale di eccezionale portata e gravità. Dominante è divenuto, anche per l'Italia, il tema del come porvi in qualche modo immediato riparo e del come prepararsi a fronteggiarne le inevitabili ricadute economiche e sociali, puntando su una nuova, coraggiosa visione dei problemi del nostro sviluppo e di un comune futuro mondiale. È dunque di qui che si deve – io credo – partire oggi, per considerare le sfide e le responsabilità cui sono chiamate le nostre istituzioni democratiche e l'intera collettività nazionale.

In questa riflessione, non possiamo separare gli interrogativi e gli impegni relativi al nostro paese dal ruolo e dalle prospettive dell'Europa di cui siamo parte. Innanzitutto, dal ruolo che l'Unione Europea, anche con l'attivo contributo italiano, ha saputo esercitare nel semestre di presidenza francese, sia dinanzi a improvvise tensioni nei rapporti internazionali, sia dinanzi all'urgere

Intervento all'incontro con le alte magistrature della Repubblica per lo scambio degli auguri di fine anno. Palazzo del Quirinale, 17 dicembre 2008.

di risposte incisive a un'incalzante crisi finanziaria e infine a nuove esigenze di sostegno dell'economia. Si può discutere sull'adeguatezza delle risposte che sono state concordate e degli strumenti destinati ad assicurarne il necessario coordinamento, ma non c'è dubbio che l'Europa abbia dimostrato una capacità di decisione unitaria e anche di iniziativa e di stimolo in seno alla comunità internazionale, che costituisce motivo di fiducia e punto di riferimento per le scelte cui è chiamata l'Italia.

D'altra parte, le difficoltà che è stato necessario superare per giungere a conclusioni condivise dai 27 Stati membri, e che ancora non sono state risolte sul piano istituzionale con l'entrata in vigore del Trattato di Lisbona, debbono spingerci a un forte e coerente impegno per creare le condizioni di un nuovo sviluppo del processo di integrazione europea in senso politico. La necessità storica di tale processo esce più che mai confermata dall'attuale crisi mondiale ed è ora meglio compresa e riconosciuta dai cittadini. Il ripiegare su logiche di mera difesa nazionale e su tentazioni protezionistiche non salverebbe l'Europa né alcuno dei suoi paesi. Occorre anzi un deciso balzo in avanti dell'Unione Europea come soggetto politico rafforzandone la capacità di presenza e intervento nella concertazione mondiale che si sta delineando.

In questa prospettiva, il nostro paese deve fare con lucida consapevolezza i conti con se stesso, non sottovalutando l'impatto che la crisi globale può avere specificamente sulla realtà italiana, individuando le maggiori debolezze da superare e i punti di forza su cui far leva. Preoccupano noi tutti i fenomeni di recessione e i rischi di arretramento cui è esposta anche da noi l'attività produttiva e insieme con essa l'occupazione, specie tra i giovani e nelle sue componenti più precarie. Ci preoccupano i rischi di un diffuso malessere sociale, per le condizioni difficili delle famiglie a più basso reddito, talvolta ai limiti della povertà. Fenomeni, tutti, che tendono a risultare particolarmente pesanti per una parte del nostro paese, per le regioni del Mezzogiorno e segnatamente per alcune di esse. Lo ha appena rilevato anche il Commissario europeo per la politica regionale nella sua recente missione in Italia.

La consapevolezza delle criticità che presenta la situazione italiana dinanzi ai possibili svolgimenti ed effetti di una crisi finanziaria mondiale che sta attraversando i continenti e investendo in particolare economie come quella americana e quella europea non giustifica reazioni di paura, di scoramento e di rassegnazione. Si sono negli ultimi tempi comprensibilmente richiamate da più parti le parole del Presidente Roosevelt, che si insediò alla Casa Bianca nel pieno della Grande Depressione seguita al crollo del sistema finanziario. Parole essenziali e forti: «L'unica cosa di cui dobbiamo avere paura è la paura stessa, quel timore senza nome, irragionevole, ingiustificato che paralizza gli sforzi necessari per convertire una ritirata in avanzata». Per reagire a ogni fatale sentimento di paura, è peraltro essenziale – volle premettere lo stesso Presidente – «dire la verità, tutta la verità, con franchezza e coraggio», guardando in faccia alle condizioni e ai problemi del paese.

Ebbene, in una situazione pure storicamente diversa qual è quella del mondo d'oggi, l'atteggiamento di quanti hanno compiti di guida non può che essere lo stesso. In questo senso, dinanzi alle sfide che si pongono all'Europa e all'Italia, occorre una nuova, decisa, comune assunzione di responsabilità.

Responsabilità nell'individuare e rendere possibile quel che tocca alla politica e allo Stato decidere e fare, e al tempo stesso nel suscitare la più ampia, indispensabile mobilitazione collettiva.

Se è vero – secondo un giudizio che appare condiviso – che la crisi mondiale deve attribuirsi a colpe gravi della politica e dei regolatori, per l'essere prevalsa una fiducia cieca nell'efficienza dei mercati e nella loro capacità di autoregolarsi, compete ora alla politica e alle istituzioni pubbliche intervenire fornendo stimoli, definendo e facendo rispettare regole, che possano aprire la strada a nuove dinamiche di mercato e prospettive di crescita.

E ciò richiede in Italia che, sciogliendosi antichi nodi, si compia un balzo in avanti nell'efficacia e nella qualità dell'operato di nostre fondamentali istituzioni. Ho toccato poc'anzi il tema del Mezzogiorno, rispetto al quale urge una strategia dell'attenzione, una provvista di risorse, una visione e azione di governo al livello nazionale, in virtuosa sinergia con l'Unione Europea, ma anche, e non meno, il superamento di gravi inefficienze e distorsioni nel modo di operare delle istituzioni regionali e locali nel Mezzogiorno.

D'altronde un costume di severità, uno sforzo senza precedenti di gestione corretta e oculata si impone in molti campi dell'azione pubblica. Sono ben presenti a noi tutti quei grandi comparti di presenza dello Stato – a cominciare dalla ricerca e dalla formazione – che andrebbero riconosciuti come prioritari per superare ritardi e limiti seri sul piano di una piena valorizzazione sia delle nostre risorse umane, sia delle nostre energie imprenditoriali già proiettatesi in significativi processi di ristrutturazione e internazionalizzazione. Ma in ciascuno di questi campi, di cui si riconosca l'importanza primaria, le condizioni del bilancio dello Stato, e del debito che pesa su di esso, richiedono il massimo rigore nell'uso del danaro pubblico e sollecitano interventi – che non possono essere elusi – di razionalizzazione e di riforma.

È in questa prospettiva che vanno oggi visti e affrontati problemi, pure non nuovi, di ruolo e di efficacia delle nostre istituzioni. In primo luogo, il Parlamento: perché nei sistemi democratici di maggiore tradizione e solidità, anche se guidati da forme di governo diverse da quella disegnata per l'Italia dalla Costituzione repubblicana, il Parlamento continua ad assolvere un ruolo insostituibile. Si guardi a come in questo momento appaia essenziale, nel processo di formazione delle decisioni negli Stati Uniti colpiti dalla crisi, l'ascolto del Congresso, la ricerca del consenso nel Congresso.

Da noi, molto si deve ancora fare per accrescere la produttività del Parlamento, per rendere più spedito e sicuro il cammino legislativo, per rispettare il diritto-dovere della maggioranza di governare. Ma ciò non comporta e non deve sancire una mortificazione del ruolo del Parlamento. È quello il luogo in cui vanno confrontate analisi obbiettive delle situazioni su cui intervenire, e libere valutazioni delle possibili scelte da compiere; il luogo in cui vanno consultate le rappresentanze politiche, di maggioranza e di opposizione, preparate e infine adottate le decisioni. Può scaturire da ciò una legislazione meno pletorica e dispersiva, e di migliore qualità, del che c'è grande bisogno. E può scaturire una piena affermazione del Parlamento sia come legislatore sia nelle sue funzioni di indirizzo e di controllo, e, come altrove si è sancito, di valutazione costante delle politiche pubbliche.

I lavori parlamentari appaiono spesso condizionati da un sovraccarico legislativo, in un clima di concitazione e talvolta di vera e propria congestione. L'urgenza si deve combinare con un realistico ordine di priorità dei provvedimenti da condurre al voto finale, a garanzia della necessaria ponderazione e del normale diritto di emendare le proposte del Governo. Va così rispettato effettivamente il ruolo dell'opposizione, essenziale in ogni sistema democratico, ma più in generale il ruolo del Parlamento nel suo insieme.

E non posso non tornare a questo proposito sul punto dolente della decretazione d'urgenza. Per quanto si tratti di provvedimenti straordinari che il Governo adotta sotto la sua responsabilità, il Presidente della Repubblica e i Presidenti delle Camere non possono esimersi dal sollevare i problemi, costituzionalmente sensibili, che derivano sia da un'abnorme frequenza del ricorso a decreti, sia dall'eterogeneità che essi spesso presentano nei loro contenuti e che è poi aggravata dalla pratica di emendamenti estranei alla materia e chiaramente strumentali.

I Presidenti delle Camere sono invece già impegnati, e di ciò li ringrazio, in un serio sforzo – a cui le forze dell'opposizione non possono sottrarsi – per garantire un più intenso e ricco contributo dei membri del Parlamento all'attività delle Commissioni e delle Assemblee; un serio sforzo per assicurare comportamenti che facilitino e non ostruiscano lo svolgimento in tempi ragionevoli e certi del processo legislativo, e anche per adottare le opportune modifiche dei Regolamenti parlamentari.

Inutile dire come queste esigenze assumano particolare rilievo in riferimento alle leggi finanziaria e di bilancio e all'iter della loro discussione e approvazione in Parlamento, restando aperta e urgente la necessità di una nuova disciplina in questa materia, al di là dell'eccezionale procedura urgente adottata quest'anno fin dall'estate.

Sulle modifiche dei Regolamenti parlamentari si è appena avviata una discussione che mi auguro possa procedere e concludersi nel rispetto delle diverse esigenze da contemperare. Naturalmente, le modifiche non possono che essere strettamente funzionali all'obbiettivo di un più efficace sviluppo dell'attività parlamentare, senza sovrapporvi impropriamente finalità di correzione degli equilibri costituzionali.

E dunque, è da affrontare distintamente la possibile revisione di specifiche norme della Costituzione del 1948, «non più rispondenti – ebbi a dire – ad esigenze di corretta ed efficace articolazione dei poteri nel sistema delle istituzioni repubblicane». Direi che tale revisione appare ancor più opportuna dinanzi ad alterazioni di fatto dell'assetto rimasto vigente, in particolare per quel che riguarda la forma di governo.

Abbiamo celebrato nel corso di quest'anno il sessantesimo della Costituzione repubblicana, con numerose e varie iniziative, promosse da molteplici soggetti pubblici, e rivolte in special modo ai giovani, ai ragazzi delle scuole; ne ho tratto conforto nel ritenere che in quei principî e valori, in quei diritti e doveri si riconosca davvero «la base del nostro stare insieme», come dissi in Parlamento nel primo discorso celebrativo. Da allora, sono venuto ribadendo, nelle più diverse occasioni, il mio convincimento che la Carta del '48 non possa considerarsi e in effetti non sia «mai stata considerata un tutto intoccabile». Diecine di suoi Articoli sono stati d'altronde già modificati in questi decenni, anche se non hanno avuto successo tentativi di riforma complessiva, essenzialmente della Seconda Parte della Costituzione.

La permanente validità dei Principî Fondamentali – racchiusi in quei primi 12 Articoli che «scolpirono il volto della Repubblica» – non impedisce di formulare essenziali e ben determinate proposte di riforma dell'ordinamento repubblicano, come quelle che verso la fine della passata legislatura furono delineate a larga maggioranza nella Commissione parlamentare competente. Né può destare meraviglia il mio rinnovato auspicio che quel cammino venga ripreso in un clima di costruttivo confronto e nella ricerca della più ampia condivisione, come sempre si conviene quando si tratti di modificare la Costituzione o di darvi attuazione.

La riflessione sullo stato delle nostre istituzioni, e sull'esigenza di porle meglio in grado di affrontare le dure difficoltà e le più impegnative sfide che ci attendono, non può ovviamente toccare solo il Parlamento. Vorrei, così, dedicare una parola a istituti la cui importanza emerge ancor più nella crisi che si è aperta: parlo di quelle autorità indipendenti, con funzioni di regolazione e di garanzia, di cui va rafforzato e non indebolito il ruolo e l'autonomo profilo.

Grande attenzione va poi data all'ordinamento dei poteri locali, che esige una chiarificazione e semplificazione, da tempo invocata, per superare sovrapposizioni dannose di competenze e di canali di spesa, per realizzare in modo efficiente un conseguente sviluppo del sistema delle autonomie secondo principî presenti nella Costituzione. E un'importante occasione è data dalla discussione della legge sul federalismo fiscale, ovvero sull'attuazione dell'Articolo 119 della Carta: anche a questo riguardo non può certo destare meraviglia la mia insistenza sulla ricerca – che appare già ben avviata – di soluzioni condivise, per fare di questa innovazione un fattore durevole di accresciuta efficienza dello Stato e di rinnovata unità nazionale.

E vengo al tema della riforma della giustizia, cioè di un'istituzione e di un'amministrazione fondamentali per il servizio da rendere ai diritti e alla sicurezza dei cittadini, e per l'efficienza di uno Stato fondato sull'imperio della legge. La lotta contro la criminalità, e soprattutto il crimine organizzato, contro la corruzione e ogni sorta di illegalità, richiede un impegno incessante come quello di cui va dato atto alle forze dell'ordine e alla magistratura, meglio definendone però i rispettivi ruoli e le necessarie sinergie. Gravissima è la condizione della giustizia civile, i cui tempi appaiono incompatibili con un'economia avanzata, che viene in Italia ormai frenata nel suo dinamismo, più che mai prezioso invece in una fase critica come quella attuale. In generale, unanime è il riconoscimento dell'esigenza di intervenire decisamente sull'abnorme, intollerabile durata dei processi: non manca in tal senso l'impegno del Governo e del Parlamento.

Ma si pongono con urgenza anche problemi di equilibrio istituzionale, nei rapporti tra politica e giustizia, ed esigenze di misure di riforma, volte a scongiurare eccessi di discrezionalità, rischi di arbitrio e conflitti interni alla magistratura nell'esercizio della funzione giudiziaria, a cominciare dalla funzione inquirente e requirente. Misure di riforma che riguardino anche la migliore individuazione e il più corretto assolvimento dei compiti assegnati al Consiglio Superiore della Magistratura dalla Carta costituzionale. Misure, nello stesso tempo, di fermo richiamo a criteri di comportamento come quelli relativi al riconoscimento effettivo dei poteri spettanti ai capi degli uffici, o come quelli relativi ai limiti da osservare – e troppo spesso violati – nella motivazione dei provvedimenti giudiziari, o più semplicemente quelli attinenti a un costume di serenità, riservatezza ed equilibrio, nel rigoroso rispetto delle regole, che non può essere sacrificato all'assunzione di missioni improprie e a smanie di protagonismo personale. Si tratta di aspetti più volte toccati e sviluppati dinanzi al Consiglio Superiore della Magistratura, ed emersi clamorosamente nel recentissimo scontro tra due Procure della Repubblica, con un vero e proprio «cortocircuito istituzionale e giudiziario», a cui ho sentito il dovere di reagire intervenendo nella mia qualità di Capo dello Stato, senza alcuna propensione a improprie invadenze.

Sono in giuoco, al di là dei singoli casi, essenziali norme di condotta, di cui garantire il rispetto: se ne stanno mostrando consapevoli sia il Consiglio Superiore della Magistratura e il vertice dell'ordine giudiziario, attraverso un severo e tempestivo esercizio dei loro poteri, sia la stessa rappresentanza unitaria dei magistrati, come indica la sua recente energica risoluzione.

Si discuta dunque di tutto ciò in Parlamento e attraverso ogni altro utile canale di consultazione, e si cerchino, anche qui, soluzioni condivise, senza partire da opposte pregiudiziali e posizioni rigidamente precostituite. La politica della giustizia è materia controversa e scottante: ma non si riuscì forse nel 1999 perfino a portare avanti, giungendosi a una votazione finale a schiacciante maggioranza, l'elaborazione del nuovo Articolo 111 della Costituzione che ha definito i principî del «giusto processo»?

Sono gli eventi stessi, la complessità dei problemi e delle sfide che l'Italia ha di fronte a sé, l'evidente e pressante interesse generale, che esigono più pacati dibattiti, disponibilità ben maggiori di quelle che comunque – e ne prendo atto con piacere – si stanno manifestando all'incontro e alla convergenza su questioni di assoluta rilevanza per il prossimo futuro.

D'altronde, dove potrebbe mai condurre un'ulteriore esasperazione dei rapporti tra le forze politiche, la perdita del senso della misura nei giudizi sui fatti e sulle persone, del senso del limite nella polemica tra le opposte coalizioni e perfino nel linguaggio corrente, le tendenze all'autosufficienza, così come le diffidenze o i timori che producono arroccamento e rifiuto, le infinite contestazioni reciproche della colpa della non collaborazione? Sono convinto che sia diffusa e comune l'aspirazione a una maggiore serenità, in luogo di un clima dominato da troppe tensioni.

Vorrei che tutti – ciascuno in ragione delle proprie responsabilità pubbliche – ascoltassero non l'appello del Capo dello Stato, che comunque oggi si risparmia di ripeterlo, ma quel che si attende il paese perché sa di averne bisogno.

Occorre che dalla politica e dalle istituzioni venga in questo modo un impulso capace di suscitare fiducia e coesione sociale, di sollecitare quella vitale reazione alla crisi e quella rinnovata spinta in avanti che la nazione italiana è in grado di sprigionare come in altre fasi critiche della sua storia. Prepariamoci con questo spirito all'anno che sta per avere inizio.

Democrazia e Costituzione

Spero non vi stupirà che io parta, in questa mia riflessione, da un racconto personale. Sono in effetti convinto che non sia superfluo ricordare – anche col contributo di chi può dare (oltretutto per età) testimonianza – di quale storia sia figlia la nostra democrazia repubblicana, e quella Costituzione che ne rappresenta insieme lo spirito, l'impalcatura e la garanzia. Non è superfluo vista la leggerezza con cui si assumono oggi atteggiamenti dissacranti e si tende a mettere in causa un patrimonio di principî che ha costituito per l'Italia un'acquisizione sofferta collocandola nel grande solco del pensiero e del progresso liberale e democratico dell'Europa e dell'Occidente.

Parto dunque dal racconto personale, che risale all'epoca in cui avevo la stessa età che hanno parecchi tra voi giovani ascoltatori.

Avevo appena compiuto diciott'anni quando il 25 luglio del 1943 fui, come tutti gli italiani, raggiunto via radio a tarda sera dalla fulminante, imprevedibile notizia della caduta di Mussolini. Imprevedibile anche nella forma, che aveva un sapore di rito antico, da lungo tempo dimenticato: accettazione, da parte del Capo dello Stato, delle dimissioni del Capo del Governo. Si seppe poi che il dimissionamento di Mussolini era stato provocato dal fatto, anch'esso inaudito, di un voto di sostanziale sfiducia adottato, con sorprendente proce-

Lezione inaugurale alla prima edizione della «Biennale Democrazia». Torino, Teatro Regio, 22 aprile 2009.

dura democratica, dal massimo organo dirigente del partito al potere, di cui Mussolini era sempre stato arbitro assoluto. Al fondo di quei pur imprevedibili eventi vi era naturalmente una crisi profonda via via maturata nel rapporto tra il paese e il fascismo, a cominciare dal suo capo, per effetto dell'andamento disastroso della guerra da lui irresponsabilmente voluta, e del peso sempre più insopportabile delle sofferenze inflitte alla popolazione. Di questo ero stato anch'io testimone e partecipe vivendo l'odissea dei cento bombardamenti che avevano colpito la città di Napoli.

La notizia della caduta di Mussolini e del suo governo suscitò perciò un immediato senso di liberazione: dal fascismo e, ci si illuse, dalla guerra. Torno con la mente a quella sera, e ancora ricordo come condivisi con l'amico che mi era più vicino quel momento di eccitazione e di euforia. Avevamo già da tempo maturato, insieme con altri della nostra generazione, non solo la più radicale contrapposizione al fascismo, ma anche la convinzione, cui pure non era stato facile giungere, che la salvezza per l'Italia potesse venire solo dalla sconfitta ad opera delle forze alleate. E in effetti fu determinante l'avvicinarsi delle forze angloamericane, dalla fine del 1942, al territorio italiano fino a invaderlo e percorrerlo a partire dal Sud, dalla Sicilia.

Le posizioni cui ero venuto aderendo da quando nel primo semestre del 1942, frequentando l'ultimo anno di liceo a Padova, avevo scoperto la politica e l'antifascismo, potei ritrovarle e approfondirle nel gruppo di giovani di cui entrai a far parte iscrivendomi all'Università di Napoli. Ma quelle posizioni non potevano abbracciare e prevedere le conseguenze che avrebbe avuto il ritiro dell'Italia sconfitta dall'alleanza con la Germania nazista. All'indomani della liberazione di Napoli dal terrore tedesco e dell'arrivo delle truppe alleate alla fine di settembre del 1943, ebbi la percezione più diretta della condizione durissima in cui era precipitata la mia città, chiamata a vivere, dopo la

Liberazione, l'esperienza dell'occupazione americana: un'esperienza caotica e febbrile, per il «saltare del coperchio» – secondo il ricordo e la descrizione dell'allora giovanissimo scrittore Raffaele La Capria – per il cessare della lunga «costrizione (parole, sempre, di La Capria) del regime, della guerra, dei bombardamenti quotidiani, della paura, della fame, dell'isolamento».

La realtà del paese era questa – non facile oggi da immaginare per chi non ne abbia personale memoria come me, e perciò ho voluto rievocarla – ed era quella della guerra che (lungi dal concludersi secondo le speranze del 25 luglio) continuava a flagellare il resto dell'Italia rimasta nel cerchio dell'oppressione nazista, da Roma in su, lasciando dovunque un'eredità di lutti e di macerie.

Fu dunque da una realtà disperante che si dové partire per rifondare la democrazia in Italia. Valgano le scarne, drammatiche frasi annotate nel suo diario, il 15 dicembre 1943, da un grande intellettuale antifascista, Benedetto Croce, identificatosi da studioso con la causa dell'unità italiana e con la storia dello Stato unitario: «Sono sempre fisso nel pensiero che tutto quanto le generazioni italiane avevano da un secolo in qua costruito politicamente, economicamente e moralmente, è distrutto. Sopravvivono solo nei nostri cuori le forze ideali con le quali dobbiamo affrontare il difficile avvenire, senza più guardare indietro, frenando il rimpianto».

In effetti, quelle forze ideali si manifestarono nello stesso non breve tempo dell'occupazione tedesca nel Centro-Nord – in un'Italia «tagliata in due» – attraverso lo sviluppo della Resistenza in armi e di una generosa mobilitazione di popolo in nome della libertà, dell'indipendenza, della dignità della patria italiana.

Ma, finita la guerra, l'avvenire andava affrontato avviando la ricostruzione materiale del paese paurosamente sconvolto e immiserito, e ripristinando condizioni essenziali di governabilità democratica. E questa prima tappa fu percorsa sotto la guida dei governi di coalizione antifascista che si succedettero tra l'aprile del 1944 e il 1945 a Liberazione dell'intera Italia ormai conclusa. Le tappe successive furono quelle che scandirono un impegno di ricostruzione, non meno necessaria e vitale, sul piano politico e statuale. Con la creazione della Consulta Nazionale si diede vita a un organismo rappresentativo, ancorché non elettivo, del risorto pluralismo politico. Con l'istituzione del Ministero per la Costituente si gettarono le basi di quella che avrebbe dovuto essere la missione di un'Assemblea eletta dal popolo con il mandato di adottare una Carta costituzionale. Infine, con il riconoscimento del diritto delle donne a votare, e a essere elette, già nelle prime libere elezioni amministrative, si predisposero le condizioni perché le decisive prove del referendum istituzionale e dell'elezione dell'Assemblea Costituente si svolgessero finalmente, per la prima volta nella storia d'Italia, a suffragio universale.

Così rinacque la democrazia in Italia, su basi più ampie e solide che mai nel passato; e rinacque in pari tempo con il ricostituirsi dei partiti, dei sindacati, di altre organizzazioni sociali e libere associazioni, di organi di stampa indipendenti e rappresentativi di una pluralità di opinioni; rinacque con il crescere di una partecipazione senza precedenti dei cittadini alla vita pubblica. Non voglio, sia chiaro, suggerire un'immagine idilliaca di quegli anni da cui sarebbero scaturite la scelta della Repubblica e la Costituzione; l'acquisizione degli ideali e dei principî democratici non fu né immediata né incontrastata; e dinanzi al rinascente ruolo dei partiti sorse anche un movimento per contestarlo (il cosiddetto "Uomo Qualunque") e non senza successo. Ma non c'è dubbio che si mise in moto un processo irresistibile, dall'alto e dal basso, di riedificazione democratica. Coronamento di tale processo fu l'elaborazione – in un clima di straordinario fervore intellettuale e politico, attraverso il confronto e l'avvicinamento tra le diverse forze politiche e correnti culturali accomunate dall'antifascismo – della Costituzione repubblicana.

Il confronto in Assemblea Costituente e il suo approdo finale, il testo votato da una maggioranza del novanta per cento il 22 dicembre 1947, furono, certo, profondamente segnati dalle dure lezioni del passato: il crollo dello Stato liberale, l'avvento di una dittatura personale e di partito, la scelta fatale delle guerre di aggressione. Ma essi rispecchiarono nello stesso tempo il tendenziale dinamismo della società italiana in condizioni di ritrovata libertà, e lo slancio popolare verso un nuovo e più giusto ordine economico e sociale, verso un assetto autenticamente democratico.

La Costituzione repubblicana non è dunque una specie di residuato bellico, come da qualche parte si vorrebbe talvolta far intendere. Essa fu preparata da indagini a tutto campo e cospicue pubblicazioni del Ministero per la Costituente, che esplorò tra l'altro le Costituzioni e le leggi elettorali dei principali altri paesi, mettendo a confronto le esperienze altrui e le condizioni del nostro paese. La Carta che scaturì dall'Assemblea Costituente nacque dunque guardando avanti, guardando lontano: essa seppe – partendo da esperienze drammatiche, di cui scongiurare ogni possibile riprodursi – dare fondamenta solide e prospettive di lunga durata al nuovo edificio dell'Italia democratica. Quelle fondamenta poggiavano sui valori maturati nell'opposizione al fascismo, nella Resistenza, in nuove elaborazioni di pensiero e programmatiche; quelle prospettive furono affidate a uno sforzo sapiente, nelle formulazioni e negli indirizzi della Carta, per tenere aperte le porte del nuovo edificio alle imprevedibili evoluzioni e istanze del futuro.

I valori dell'antifascismo e della Resistenza non restarono mai chiusi in una semplice logica di rifiuto e di contrasto, sprigionarono sempre impulsi positivi e propositivi, e poterono perciò tradursi, con la Costituzione, in principî e in diritti condivisibili anche da quanti fossero rimasti estranei all'antifascismo e alla Resistenza. Perciò il 25 aprile non è festa di una parte sola.

Principî e diritti. Principî cui ispirare la legislazione, la giurisprudenza, i comportamenti effettivi di molteplici soggetti pubblici e privati; diritti da garantire, anche attraverso il ricorso alla giustizia, da rispettare nel concreto dei rapporti sociali e civili.

Questo è un punto sul quale vale la pena di insistere. La Costituzione non è una semplice Carta dei valori. Essa ha certamente una forte carica ideale e simbolica, capace di ispirare e unire gli italiani. Ma i suoi ideatori mirarono a farne un corpo coerente di principî e norme che avessero, senza eccezione alcuna, «un valore giuridico come direttiva e precetto al legislatore e criterio di interpretazione per il giudice». Con quelle parole si espresse il presidente della Commissione dei 75 che in seno all'Assemblea Costituente aveva predisposto il progetto di Costituzione; e la prima sentenza della Corte Costituzionale, istituita nel 1955, stabilì che anche le disposizioni cosiddette programmatiche contenute nella Costituzione avevano rilevanza giuridica.

Insomma, la Costituzione repubblicana non solo non fu mai intesa come manifesto ideologico o politico di parte; ma nemmeno si limitò a formulare valori nazionali, storico-morali, unificanti. La nostra, come ogni altra Costituzione democratica, è legge fondamentale, architrave dell'ordinamento giuridico e dell'assetto istituzionale. E in quanto tale essa va applicata e rispettata: applicata non una volta per tutte, ma in un processo inesauribile di adesione a nuove realtà, a nuove sensibilità, a nuove sollecitazioni. Così l'hanno intesa e applicata Governi e Parlamenti della Repubblica, così l'ha intesa, e ha vegliato sul suo rispetto, la Corte Costituzionale.

È legge fondamentale, è legge suprema, la Costituzione, anche e innanzitutto nel segnare i limiti entro cui può svolgersi ogni potere costituito e viene «disciplinata» la stessa volontà sovrana del popolo. Si rifletta, a questo proposito, sul primo Articolo della nostra Carta costituzionale, là dove recita: «La sovranità appartiene al popolo, che la esercita nelle forme e nei limiti della Costituzione». Una volta cioè che il potere costituente espresso dal popolo sovrano con l'elezione di una Assemblea investita di quel mandato si sia compiuto, ogni ulteriore espressione della sovranità popolare, ogni potere delle istituzioni rappresentative, il potere legislativo ordinario come il potere esecutivo, riconosce la supremazia della Costituzione, rispetta i limiti che essa gli pone. Questa è caratteristica essenziale della moderna democrazia costituzionale, quale si è voluto fondarla in Italia, con il più ampio consenso, alla luce delle esperienze del passato e con l'occhio rivolto ai modelli dell'Occidente democratico. Comune a quei modelli, pur nella loro varietà, è il senso dei limiti che non possono essere ignorati nemmeno in forza dell'investitura popolare, diretta o indiretta, di chi governa.

Rispettare la Costituzione è dunque espressione altamente impegnativa: ben al di là di una superficiale e generica attestazione di lealtà. Rispettarla significa anche riconoscere il ruolo fondamentale del controllo di costituzionalità e dunque l'autorità delle istituzioni di garanzia. Queste non dovrebbero mai formare oggetto di attacchi politici e giudizi sprezzanti, al di là dell'espressione di responsabili riserve su loro specifiche decisioni. Tutte le istituzioni di controllo e di garanzia non possono essere viste come elementi frenanti del processo decisionale, ma come presidio legittimo di quella dialettica istituzionale che in definitiva assicura trasparenza, correttezza, tutela dei diritti dei cittadini.

Questo richiamo a essenziali caratteristiche della democrazia costituzionale non ha nulla a che vedere con una visione statica della nostra Carta, con una sua celebrazione fine a se stessa o con l'affermazione della sua intoccabilità. Ho già detto delle potenzialità che presentano principî e indirizzi introdotti nella Costituzione repubblicana in termini tali da tenere le porte aperte al futuro: è perciò giusto e possibile avere della nostra Carta una visione dinamica, scavare in essa per coglierne tutte le suggestioni attuali. Si deve così far vivere la Costituzione: come in sessant'anni si è già, attraverso molteplici contributi, teso concretamente a fare.

Nello stesso tempo, va ancora una volta ripetuto che gli stessi padri costituenti vollero prospettare possibili esigenze e precise procedure di revisione della Costituzione. Il testo entrato in vigore il 1° gennaio 1948 è stato d'altronde già toccato, già riveduto in decine di Articoli, qualcuno dei quali, in anni recenti, di notevole rilievo, e in un intero Titolo della Seconda Parte. E su ulteriori revisioni il discorso è non solo pienamente legittimo, ma per generale riconoscimento obbiettivamente fondato. A una revisione più ampia della Costituzione si lavorò concretamente in Parlamento nel 1993-94, nel 1996-97 e nel 2004-2006, sulla base di procedure esse stesse integrate rispetto a quelle segnate nell'Articolo 138.

Nessuno di quei tre tentativi di riforma – relativi alla Seconda Parte della Costituzione, e cioè all'Ordinamento della Repubblica – è, in diverse circostanze e per diverse ragioni, andato a buon fine. Ma le forze politiche presenti in Parlamento convergono largamente sulla necessità che quell'Ordinamento richieda di essere riveduto e adeguato in più punti. Non si può solo denunciare il rischio che esso sia stravolto. Si ricordi che se ne postulò, nel modo più autorevole già dopo le elezioni del 1992, una revisione che (disse l'allora appena eletto Presidente della Repubblica) incidesse «nell'articolazione delle diverse istituzioni»: ridefinendone i caratteri, le prerogative, il modo di operare dell'una o dell'altra, e ridefinendo gli equilibri tra esse.

Spetta ancora una volta al Parlamento pronunciarsi sulla possibilità di procedere in questa direzione, sugli obbiettivi da perseguire, sul grado di consenso a cui tendere. Pur non potendo – nell'esercizio del ruolo attribuitomi dalla Costituzione – esprimere indicazioni di merito, suggerire ipotesi di soluzione, ritengo che sia mia responsabilità esortare le forze presenti in Parlamento a uno sforzo di realismo e di saggezza per avviare il confronto su essenziali proposte di riforma della Seconda Parte della Costituzione, sulle quali sia possibile giungere alla più ampia condivisione. Lo spirito dovrebbe essere quello, come si è di recente autorevolmente detto, di una rinnovata «stagione costituente». Non c'è da ripartire da zero; non c'è da arrendersi a resistenze conservatrici né, all'opposto, da tendere a conflittualità rischiose e improduttive; occorre che da tutte le parti si dia prova di consapevolezza riformatrice e senso della misura.

Non c'è da ripartire da zero, anche perché sia attraverso revisioni parziali della Carta del 1948, sia attraverso innovazioni nelle leggi elettorali e nei regolamenti parlamentari, nonché in rapporto a cambiamenti prodottisi nel sistema politico, i termini di diverse questioni sono già sensibilmente mutati. È in corso una visibile evoluzione – in senso regionalistico federale – della forma di Stato; e in quanto alla forma di governo, pur essendo essa rimasta parlamentare, non trascurabili sono le nuove modulazioni che ha già conosciuto.

Nell'ambito della forma di governo parlamentare, che è quella di gran lunga prevalente in Europa, sono possibili, e in effetti si sono espressi, equilibri diversi tra Governo e Parlamento, tra potere esecutivo e potere legislativo, e anche tra questi due poteri e quello giudiziario. La Costituzione italiana del 1948 fu certamente contrassegnata da un'accentuazione delle prerogative del Parlamento rispetto a quelle del Governo. Le esigenze di stabilità e di efficienza decisionale di quest'ultimo rimasero allora in secondo piano. Ma molte cose sono via via cambiate, già negli anni '80 con le riforme dei regolamenti parlamentari, e sempre di più, a partire dagli anni '90, con il crescente ricorso alla decretazione d'urgenza e all'istituto del voto di fiducia e da ultimo con il rafforzarsi del vincolo tra Governo e maggioranza parlamentare, così come con il drastico ridursi della frammentazione politica in Parlamento. Ciò ha indotto uno studioso e protagonista come Giuliano Amato a giudicare (in un suo recente scritto) «oggi obsoleta la tradizionale constatazione della debolezza del Governo nel rapporto con il Parlamento».

E allora, è del tutto legittimo politicamente, ma partendo da questi dati di fatto, e dunque senza cadere in enfasi polemiche infondate, verificare quali concreti elementi di ulteriore rafforzamento dei poteri del Governo, e di chi lo presiede, possano introdursi sulla base di motivazioni trasparenti e convincenti.

Quella che è risultata, anche di recente, condivisa e percorribile è di certo l'ipotesi di una riforma della Costituzione che segni il superamento dell'anomalia di un anacronistico bicameralismo perfetto, il coronamento dell'evoluzione in senso federale, da tempo in atto, come ho ricordato, con l'istituzione di una Camera delle autonomie in luogo del Senato tradizionale. Ne scaturirebbe anche una razionalizzazione del processo legislativo, e con essa quel "legiferare meglio" che viene giustamente sempre più spesso, e finora invano, invocato.

Vorrei però a questo punto allargare la visuale della mia riflessione per cogliere – al di là dello specchio spesso deformante delle dispute politiche strettamente italiane – questioni e dilemmi che attraversano, e già da tempo, il discorso sulla democrazia in Occidente.

Da decenni ormai si è aperto il dibattito generale sulla governabilità delle società democratiche, nelle quali, a una crescente complessità dei problemi e a un tendenziale moltiplicarsi delle domande e dei conflitti, non corrispondono capacità adeguate di risposta, attraverso decisioni tempestive ed efficaci, da parte delle istituzioni.

Nell'affrontare a suo tempo questo tema cruciale, Norberto Bobbio osservò che mentre all'inizio della contesa sul rapporto tra liberalismo e democrazia «il bersaglio principale era stato la tirannia della maggioranza», esso stava finendo per assumere un segno opposto, «non l'eccesso ma il difetto di potere». E Bobbio aggiunse, pur senza eludere il problema: «la denuncia dell'ingovernabilità tende a suggerire soluzioni autoritarie». Un monito, quest'ultimo, che non si dovrebbe dimenticare mai. E dal quale va ricavata l'esigenza di tenere sempre ben ferma la validità e irrinunciabilità delle «principali istituzioni del liberalismo» – concepite in antitesi a ogni dispotismo – tra le quali, nella classica definizione dello stesso Bobbio, «la garanzia di diritti di libertà (*in primis* libertà di pensiero e di stampa), la divisione dei poteri, la pluralità dei partiti, la tutela delle minoranze politiche». E sempre Bobbio metteva egualmente l'accento sulla rappresentatività del Parlamento, sull'indipendenza della magistratura, sul principio di legalità.

Tutto ciò non costituisce un bagaglio obsoleto, sacrificabile – esplicitamente o di fatto – sull'altare della governabilità, in funzione di «decisioni – definizione di Bobbio – rapide, perentorie e definitive» da parte dei poteri pubblici. Ho evocato – ed è di certo tra gli istituti non sacrificabili – la distinzione dei poteri (legislativo, esecutivo, giudiziario); e mi sarà permesso di richiamare anche il riconoscimento del Capo dello Stato come «potere neutro», secondo il principio che, enunciato da Benjamin Constant due secoli fa, ispirò ancora i nostri padri costituenti nel disegnare la figura del Presidente della Repubblica.

Ho egualmente menzionato come essenziale la rappresentatività del Parlamento, a proposito della quale penso si possa dire che essa non viene fatalmente incrinata da regole vigenti in diversi paesi democratici, finalizzate a evitare un'eccessiva frammentazione politica, ma rischia di risultare seriamente indebolita in assenza di valide procedure di formazione delle candidature e di meccanismi atti ad ancorare gli eletti al rapporto col territorio e con gli elettori.

In definitiva, non si può ricorrere a semplificazioni di sistema e a restrizioni di diritti in nome del dovere di governare. Grande è certamente la difficoltà del governare in condizioni di pluralismo sociale, politico e istituzionale, e ancor più in presenza, oggi, della profonda crisi che ha investito le nostre economie. Ma non c'è, sul piano democratico, alternativa al confrontarsi, al combinare ascolto, mediazione e decisioni, al giungere alla sintesi con la necessaria tempestività ma senza sacrificare i diritti e l'apporto della rappresentanza.

E a ciò non si sfugge nemmeno nei sistemi politico-istituzionali che sembrano assicurare il massimo di affermazione del potere di governo affidato a una suprema autorità personale. Mi riferisco naturalmente a sistemi e modelli autenticamente democratici come quello presidenzialista degli Stati Uniti d'America, dove, al di là del mutare o dell'oscillare, nel tempo, dell'equilibrio tra Presidente e Congresso, a quest'ultimo, cioè alla rappresentanza parlamentare, nella sua netta separazione dall'esecutivo, viene riservata sempre un'ampia area di influenza e di intervento – e in definitiva l'ultima parola – nel processo deliberativo. Anche nei momenti, aggiungo, di emergenza e urgenza nazionale, come ci dicono le recenti vicende del complesso rapporto – sul terreno legislativo – tra il nuovo Presidente, la nuova amministrazione americana e il Congresso degli Stati Uniti.

Si parla da tempo, e spesso, di crisi della democrazia rappresentativa, in riferimento all'indebolirsi delle sue istituzioni e della fiducia che in esse ripongono i cittadini. Ma da più parti si sono venute positivamente proponendo concezioni più ampie, che vedono – si è scritto – «la rappresentanza come processo che connette la società e le istituzioni», che affidano alla politica le responsabilità di un legame operante «tra l'interno e l'esterno delle istituzioni politiche», l'attivazione di una «corrente comunicativa» (espressione che a me pare molto felice di una nostra studiosa, Nadia Urbinati) «tra società civile e società politica». E in questo senso si è in effetti venuto aprendo il campo di ricerche e proposte interessanti per giungere a forme concrete di democrazia partecipativa e deliberativa diffusa: forme concrete sperimentabili in particolar modo attraverso il raccordo tra assemblee elettive regionali e locali e realtà associative e canali di consultazione e di coinvolgimento dei cittadini in trasparenti processi decisionali. Non una datata contrapposizione ideologica, cioè, tra democrazia rappresentativa e democrazia diretta, ma uno sforzo d'integrazione tra istituzioni, nell'esercizio delle loro funzioni e prerogative, ed espressioni di un più vasto moto di partecipazione democratica a tutti i livelli.

L'esigenza di suscitare la vicinanza e l'adesione, non passiva ma vigile e propulsiva, dei cittadini alle istituzioni democratiche, l'esigenza di evitare un fatale indebolimento di queste ultime per effetto di tendenze al distacco, alla sfiducia, all'indifferenza da parte dei cittadini, appare complessa come non mai nell'attuale fase storica: ed è questo l'ultimo punto che vorrei brevemente toccare.

È in atto da tempo un passaggio dalle dimensioni nazionali della sfera decisionale a dimensioni ultranazionali, europee e globali: e c'è da chiedersi se sia praticabile in questo nuovo contesto quella che si è venuta costruendo in Occidente come democrazia rappresentativa. Questa si impose – ha osservato un eminente studioso dei sistemi democratici, Robert Dahl – con il passaggio storico dalle città-Stato agli Stati nazionali: si è ora in presenza di un «cambiamento altrettanto importante per la democrazia» per effetto del passaggio delle decisioni pubbliche a dimensioni transnazionali.

Vengono di qui interrogativi di fondo sulla possibilità di controllare democraticamente le organizzazioni internazionali, le decisioni prese a quel livello. E questi interrogativi stanno assumendo – appare chiaro – una stringente attualità. Sulle risposte ipotizzabili il dibattito è aperto in tutta la sua complessità. Ma io desidero richiamare l'attenzione su un processo che è già in atto e che può rappresentare un approccio fecondo al discorso sul governo della globalizzazione: parlo del processo delle integrazioni regionali, continentali o subcontinentali, che si è concretamente prodotto in Europa ma tende a prodursi anche fuori d'Europa.

La Comunità e quindi l'Unione Europea hanno rappresentato forme originali, da oltre cinquant'anni a questa parte, di esercizio condiviso della sovranità al livello sovranazionale. Ed è peraltro un fatto che alla crescita di questa esperienza, dai primi Trattati tra i sei paesi fondatori in poi, si è accompagnata la preoccupazione di un deficit democratico, in quanto le decisioni che si concentravano in istituzioni come la Commissione e il Consiglio sembrarono a lungo sfuggire a un controllo democratico. A differenza, si diceva, delle istituzioni tradizionali degli Stati nazionali. Ma essendo un fatto irreversibile la perdita da parte di questi ultimi di quote crescenti della loro sovranità, imponendosi sempre di più – e mai come oggi questa ci appare un'esigenza imperiosa – decisioni e politiche comuni al livello europeo, non poteva non sorgere la questione del dar vita e forza a istituti e forme corrispondenti di democrazia sovranazionale.

Ebbene, questa esigenza dopo essere rimasta, per non breve tempo, largamente insoddisfatta, ha via via trovato sbocco nel rafforzamento dell'investitura e del ruolo del Parlamento europeo. Non si può certo dire che ogni insufficienza, ambiguità e contraddizione sia stata risolta. Ma passi in avanti decisivi sono stati compiuti, dall'elezione diretta, a suffragio universale, del Parlamento europeo all'attribuzione, che gli è stata sempre più riconosciuta, di poteri determinanti nella formazione delle leggi dell'Unione, e anche di più incisive funzioni di indirizzo e di controllo nei confronti dell'esecutivo, identificato nella Commissione di Bruxelles. Il Parlamento europeo si sta dunque affermando come l'istituzione sovranazionale per eccellenza e come garante della legittimità democratica dell'Unione: dovrebbero esserne consapevoli gli elettori chiamati di qui a poco a votare per il Parlamento di Strasburgo. Speriamo che si parli di ciò nella campagna elettorale, e non di meschine vicende di politica interna.

Nello stesso tempo, con il Trattato costituzionale poi abortito ed egualmente, però, con il Trattato di Lisbona di cui si sta completando la ratifica, si sono aperte nuove possibilità di cooperazione e sinergia tra istituzioni europee, segnatamente il Parlamento europeo, e i Parlamenti nazionali; e nuove possibilità di comunicazione e di dialogo strutturato tra istituzioni europee e società civile. Non a caso dunque l'esperienza dell'integrazione europea viene ormai assunta come riferimento – anche sotto il profilo della governabilità democratica – per gli analoghi processi che si avviano in altri continenti e per le strade da intraprendere sul piano globale.

L'impegno per l'ulteriore, più conseguente sviluppo dell'integrazione europea è per noi italiani parte essenziale dell'impegno a proiettare nel futuro la nostra Costituzione repubblicana. La prospettiva dell'Europa unita, a favore della quale consentire alle necessarie limitazioni di sovranità, fu evocata nel dibattito dell'Assemblea Costituente e fu di fatto anticipata nel lungimirante dettato dell'Articolo 11 della nostra Carta. Per consolidare, far vivere e crescere la democrazia in Italia e in un mondo in così impetuosa trasformazione, bisogna non solo "presidiare" la Costituzione, tutelare e riaffermare i principî e i diritti che essa ha sancito alla luce di dure lezioni della storia; bisogna di continuo calarla nel divenire della società italiana e anche della società internazionale.

Sappiamo – lo vorrei dire in modo particolare ai più giovani – quali orizzonti nuovi la Costituzione abbia aperto per il nostro paese: orizzonti di libertà e di eguaglianza, di modernizzazione e di solidarietà. La condizione per coltivare queste potenzialità, in termini rispondenti ai bisogni e alle istanze che maturano via via nel corpo sociale, nella comunità nazionale – la condizione per rafforzare così le basi della democrazia e il consenso da cui essa può trarre sicurezza e slancio – è in un impegno che attraversi la società, che si faccia sentire e pesi in quanto espressione della consapevolezza e della volontà di molti, uomini e donne di ogni generazione e di ogni ceto.

In queste settimane, dinanzi alla tragedia del terremoto in Abruzzo, l'Italia è stata percorsa da un moto di solidarietà che ha dato il senso della ricchezza di risorse umane – vere e proprie, preziose riserve di energia – su cui il paese può contare, in uno spirito di unità nazionale. Se ne può trarre, io credo, un buon auspicio anche per il manifestarsi, più in generale, di quella sensibilità democratica e di quell'impegno dei cittadini, a sostegno dei principî e degli indirizzi costituzionali, di cui ho appena indicato la necessità. Parlo di un rilancio, davvero indispensabile, del senso civico, della dedizione all'interesse generale, della partecipazione diffusa a forme di vita sociale e di attività politica. Parlo di uno scatto culturale e morale e di una mobilitazione collettiva, di cui l'Italia in momenti critici anche molto duri – perciò, oggi, di lì ho voluto partire – si è mostrata capace. L'occasione per mostrarcene ancora capaci è data dalla crisi profonda che ha investito, in un contesto mondiale nuovo e complesso, l'economia e la società italiana. L'appello è a esserne, ciascuno di noi, pienamente all'altezza.

L'Italia, l'Europa, il mondo

Una professione di fede europea

È per me motivo di particolare soddisfazione poter prendere la parola in questa storica università, che è stata in anni recenti sede privilegiata di analisi e messaggi importanti sui temi della costruzione e dell'avvenire dell'Europa. Nell'invito che mi è stato rivolto ho visto un segno di riconoscimento per il ruolo svolto dall'Italia, a partire dal lontano 1950, nel lungo percorso dell'integrazione europea, e ancor più un segno di attenzione per il contributo che essa può continuare a offrire in una nuova fase di riflessione e di impegno. Ebbene, desidero subito raccogliere questa attenzione e questa aspettativa: l'Italia guarda sempre all'Europa come all'orizzonte naturale del suo sviluppo e della sua presenza nel mondo. Lo dico sapendo di rappresentare – nella mia attuale responsabilità istituzionale – sentimenti e orientamenti radicati e diffusi nella comunità nazionale.

Aggiungo tuttavia che credo di potermi rivolgere a voi – in questo che è un luogo di studio e di libero confronto – con argomenti e accenti meno ufficiali e diplomatici, più strettamente e schiettamente personali. Lasciate cioè che vi parli, più che da Capo di Stato, da convinto partigiano della causa europea.

Spero che non stupisca questa professione di fede europeistica e che se ne comprenda il senso. Temo che

«Sciogliere l'antico nodo di contrastanti visioni del progetto europeo. Far emergere una nuova volontà politica comune»: conferenza all'Università Humboldt, Berlino, 27 novembre 2007.

si sia da qualche tempo finito per smarrire lo slancio che aveva caratterizzato all'inizio la costruzione europea e aveva successivamente consentito di superarne le difficoltà e i momenti di crisi. Quello slancio non può essere confuso con una banale proclamazione retorica; esso era fatto di profonda consapevolezza delle responsabilità dell'Europa, di orgogliosa rivendicazione del suo ruolo, di lucido riconoscimento dei suoi errori e di visione lungimirante della prospettiva nuova da aprire e perseguire.

Oggi invece troppi uomini politici, perfino leader di paesi membri dell'Unione, sembrano timorosi di richiamarsi agli ideali della Dichiarazione Schuman, allo spirito se non alla lettera dell'appello a una Federazione europea, a quegli Stati Uniti d'Europa vagheggiati da pensatori e statisti illuminati all'indomani della Seconda guerra mondiale e già in un passato più lontano.

Ebbene, è importante non cancellare quello spirito delle origini dell'integrazione europea; e ancor più importante è mostrare legittimo orgoglio per l'impresa che ne è scaturita, per il progetto politico più innovativo e di maggior successo concreto che sia stato concepito e portato avanti nel mondo nella seconda metà del Ventesimo secolo. Molto dovrebbe d'altronde dirci il fatto che in altri continenti si annuncino obbiettivi di integrazione regionale e ci si ispiri al modello europeo.

Il percorso che qui da noi si è seguito in oltre cinquant'anni non è stato né facile né lineare; ha conosciuto battute d'arresto e sempre nuovi sviluppi; si è in alcuni periodi proceduto più speditamente e in altri meno. Gli storici hanno parlato a ragione dell'«avventura europea»: ma è stata un'«avventura» vissuta con saggezza e con tenacia. E l'essenziale è stato preservare il filo conduttore di quella che fu chiamata l'«invenzione comunitaria»: la scelta, cioè, di costruire un'Europa unita attraverso la creazione e il consolidamento di istituzioni nuove, cui affidare l'inedito compito di gestire poteri di sovranità condivisa e di realizzare – con l'attiva partecipazione degli Stati nazionali – progetti comuni di sviluppo delle economie e delle società dapprima in sei paesi e poi via via negli altri che si associarono a quella scelta.

Alla base dell'«invenzione comunitaria» vi fu naturalmente la convinzione di rappresentare un universo di valori e di esperienze storiche: né più né meno, cioè, che la civiltà europea, nelle sue più alte espressioni e conquiste, fino a quelle dello Stato di diritto liberale e della democrazia rappresentativa. Non c'era dubbio, in partenza, sulla validità obbiettiva di riferimenti come quelli a una comune cultura e identità europea né sulla missione cui il progetto dell'integrazione era rivolto: esprimere – in un ambito potenzialmente sempre più largo – l'autocoscienza europea.

È questo il nucleo di convinzioni fondamentali da tradurre oggi in quella nuova, comune volontà politica che costituisce la vera condizione e garanzia per un effettivo consolidamento e avanzamento dell'Unione, appena uscita da una difficile e non breve impasse istituzionale. Una volontà politica tale da superare fattori e rischi di crisi più profonda del processo di integrazione.

Se ho voluto richiamare nella sua persistente vitalità lo spirito delle origini di quel processo, non è stato certo perché non sia pienamente consapevole di tutto quel che è mutato e deve mutare. Molti traguardi sono stati raggiunti, altri obbiettivi sono emersi e vanno messi a fuoco; le motivazioni proprie di periodi storici precedenti vanno integrate con le ragioni di unità dettate dal nuovo contesto mondiale. E si tratta di ragioni forti, che premono con tutta evidenza sollecitandoci a proseguire sulla strada intrapresa.

L'accento va dunque posto in via preliminare sulla valorizzazione dei traguardi già raggiunti, che sembrano quasi assimilati, dalle giovani generazioni, come un "dono della provvidenza" anziché come il frutto di un progetto e di un metodo fondati sulla comune volontà politica che i leader e le istituzioni rappresentative di un numero crescente di paesi europei hanno saputo esprimere. Nello stesso tempo occorre richiamare con forza l'attenzione sulle sfide di oggi, cui l'Europa è chiamata a rispondere. Esse vengono dalle trasformazioni e dalle tensioni della realtà mondiale. I responsabili politici degli Stati membri non solo conoscono il nome e l'oggetto di queste nuove sfide, ma ne riconoscono la portata, che va al di là delle possibilità di intervento e di risposta di cui dispongono i singoli Stati nazionali. Ma – ecco il punto – da tale riconoscimento si resiste o si stenta a trarre le necessarie conseguenze, per difetto di comune volontà politica e per antiche e nuove reticenze su aspetti essenziali del progetto europeo.

È su ciò che desidero insistere, all'indomani del confronto sfociato nell'unanime intesa che è stata raggiunta nel Consiglio europeo dello scorso giugno e quindi nella Conferenza intergovernativa.

Condivido, sia chiaro, la generale convinzione che grazie al sapiente e tenace impegno della Presidenza tedesca si sia conseguito un risultato di vitale importanza. Lo stallo istituzionale non poteva protrarsi ancora senza grave danno e rischio; già da troppe parti si gettava l'allarme per un'Europa fatalmente bloccata, incapace di risollevarsi, e c'era chi sperava che così fosse.

Per quel che ci riguarda, non avevamo dimenticato il monito di Jean Monnet, a proposito del contrastato percorso della costruzione europea: «Niente sarebbe più pericoloso che confondere difficoltà e fallimento». Nessuna confusione. Sapevamo quanto profonde fossero le basi della costruzione europea e come non fosse in causa la sua sopravvivenza. Confidavamo nel superamento dell'*impasse* seguita alla mancata ratifica del Trattato costituzionale da parte di un importante gruppo di Stati membri, a cominciare dalla Francia; ci auguravamo che all'accordo si potesse giungere senza gravi sacrifici.

Ebbene, è giusto dire che la sostanza del Trattato del 2004 è stata salvata; secondo la quantificazione "forfettaria" degli esperti, è il novanta per cento delle innovazioni contenute in quel testo che è rimasto acquisito.

Quel che merita una seria riflessione è dunque altro. Non tanto la conseguenza concreta degli interventi correttivi sul Trattato costituzionale che è stato infine inevitabile accettare; ma piuttosto il complesso delle posizioni che si sono espresse nel rifiuto della ratifica e nelle richieste di modifica di quel Trattato.

Che cosa hanno significato la cancellazione del nome, dei simboli, delle parole e delle disposizioni che avevano un *constitutional flavour*? Che cosa ha significato la dichiarazione con cui si è sancito che le formulazioni rimaste nel *Reform Treaty* in materia di politica estera e di sicurezza comune «non toccano né le competenze degli Stati membri né le loro rappresentanze nei paesi terzi e nelle organizzazioni internazionali»? Che cosa significa il rinvio di non pochi anni dell'entrata in vigore del sistema della doppia maggioranza nelle votazioni del Consiglio? O la reiterata pretesa che i Parlamenti nazionali possano bloccare le proposte legislative della Commissione Europea?

Il significato di tutte quelle pressioni e quelle riserve con cui ci si è dovuti confrontare per «salvare la sostanza del Trattato costituzionale» è indubbiamente uno solo: contrastare o frenare l'attribuzione alle istituzioni europee di nuovi compiti e di nuovi poteri. Si ripresenta così nell'Unione a 27 un nodo più volte emerso e mai sciolto nel passato, quello della convivenza e sovrapposizione tra diverse visioni del progetto europeo.

C'è qualcosa, nelle posizioni espresse da diversi Stati membri, che fa pensare a un ritorno al passato.

Da qualche parte si presenta invece l'abbandono del Trattato costituzionale come un salutare «ritorno al realismo» o addirittura «alla ragione». Ma si è forse, tra il 2001 e il 2004, navigato nell'«irreale» o semplicemente «sragionato»? No, nella Dichiarazione di Laeken, la scelta di lavorare a un Trattato costituzionale era nata dalla necessità di dare risposta a pressanti interrogativi sull'avvenire dell'Europa.

Non si può dimenticare che il contestuale processo di «grande allargamento» dell'Unione aveva in primo luogo suggerito di riaffermare e riformulare principî, valori, obbiettivi del progetto di integrazione europea cui stavano per aderire paesi provenienti da contesti ideologici e internazionali e da sistemi nazionali tutt'affatto diversi. La Costituzione venne vista come fattore unificante, e in qualche modo come momento di rifondazione, del progetto di integrazione europea, finalmente apertosi all'intero continente.

In secondo luogo, la decisione di allargare in modo così significativo la membership dell'Unione rendeva imperativa la definizione di nuovi assetti istituzionali e meccanismi decisionali per evitare la paralisi o la diluizione del processo di integrazione.

È così che fu concepito il disegno del Trattato costituzionale. Quelle ne furono le ragioni e quella ne fu l'ambizione. L'edificio della costruzione europea doveva essere messo in grado di sostenere il peso del «grande allargamento» e darsi un'esplicita fisionomia di carattere, ormai, costituzionale, a coronamento degli sviluppi graduali e di fatto succedutisi nell'arco di cinquant'anni. Bisognava sancire una caratterizzazione dell'Europa unita come comunità di diritto, come comunità di valori e, sempre di più, come originale entità politica. È questa prospettiva che bisogna impegnarsi a tenere aperta, al di là dell'accordo giuridicamente perfezionato a Lisbona.

Tale accordo ha permesso di salvare gli «attrezzi innovativi» – come li ha di recente definiti il Presidente Giscard d'Estaing – elaborati dalla Convenzione di Bruxelles (da una presidenza stabile del Consiglio alla nuova figura del Ministro degli Esteri dell'Unione, pur mutandone il nome). Li si è dispersi, aggiunge Giscard d'Estaing, in tre caselle di emendamenti ai vecchi Trattati, complicando e non semplificando, rendendo più e non meno illeggibile il nuovo Trattato da ratificare, ma la «cassetta degli attrezzi» è rimasta quella di prima.

Peraltro, la Costituzione, faticosamente negoziata per due anni e mezzo, non era solo una «cassetta degli attrezzi», a conferma che le istituzioni non sono solo dei mezzi ma abbracciano anche i fini, la sfera delle finalità. Ed è proprio il discorso sulle finalità, sulle ambizioni, sulla fisionomia dell'integrazione che è uscito annebbiato dalle mancate ratifiche del Trattato costituzionale e dalle discussioni che le hanno precedute e seguite.

Ma non si può ritornare al passato, né per gravi né per minori ragioni di dissenso. L'Europa comunitaria ha potuto vivere e svilupparsi in quanto ha guardato avanti, evitando sia di impantanarsi in compromessi provvisori che potessero diventare paralizzanti, sia di attardarsi – come, in un'altra fase della vita della Comunità, nel 1984, disse il Presidente François Mitterrand – in qualche «*obsédant contentieux*», in «*querelles dérisoires*».

La questione del rapporto tra interesse comune europeo e interessi nazionali, e più in generale del rapporto tra Unione e Stati nazionali, è – come tutti ben sappiamo – antica quanto l'Europa comunitaria, nel senso che ne ha accompagnato l'intero cammino. D'altronde, tra Unione e Stati nazionali è naturale che vi sia una permanente dialettica, dalla quale far scaturire di volta in volta il giusto equilibrio. C'è tuttavia un limite che non può essere superato, pena la vanificazione del progetto europeo come progetto non di semplice cooperazione tra Stati sovrani, ma di effettiva, graduale integrazione, destinata a sfociare in unione politica. Si tende ora a negare la validità e attualità della stessa nozione di «deriva intergovernativa»; e invece si tratta di un rischio ricorrente, di rottura – nel rapporto tra Unione e Stati nazionali – di un equilibrio compatibile con la natura del progetto europeo come progetto di integrazione. Saremmo ingenui o reticenti se non vedessimo come quel rischio si sia venuto riacutizzando, dopo la firma del Trattato costituzionale e in contraddizione con esso.

A una «deriva intergovernativa» non può corrispondere che un allontanamento dal fine di un'Europa forte, capace di portare avanti efficaci politiche comuni e di affermarsi come attore globale sulla scena internazionale. Più si lesinano poteri e risorse alle istituzioni europee più si dimostra di non condividere quella finalità. Nel giugno del 2005, uno dei più impegnati leader europei, Jean-Claude Juncker, nel concludere il semestre di presidenza lussemburghese, illustrò al Parlamento europeo il controverso esito del negoziato sulle prospettive finanziarie dell'Unione con queste parole: «Abbiamo visto affrontarsi due concezioni dell'Europa: quella che punta piuttosto sulle sole virtù del mercato – mercato che è incapace di produrre la solidarietà – e quella che punta su una più avanzata integrazione politica». Ovvero il «campo di coloro che pensano che l'Europa qual è si spinge già troppo lontano, e quello di coloro che pensano, come me, che essa deve andare ancora molto più lontano».

Ebbene, un chiarimento di fondo è divenuto indispensabile, innanzitutto attraverso una più schietta discussione tra i sostenitori di quelle due concezioni. Non giovano a nessuno, in questo momento, le strategie di dissimulazione.

Deve esserci più franchezza nel confronto tra i partner dell'Unione, e tra le diverse visioni di cui essi sono portatori; e più franchezza nel dialogo con i cittadini.

L'idea della Federazione europea ha rappresentato una fondamentale fonte di ispirazione per l'avvio e lo sviluppo della Comunità e poi dell'Unione. Essa non ha mai implicato la morte naturale o il deliberato svuotamento degli Stati nazionali, e tantomeno può essere esorcizzata agitando lo spettro di un Super Stato europeo! Questo oggetto non identificato che turba i sogni degli euroscettici è antitetico a un'idea di Federazione, perché questa è incompatibile per sua natura con la cancellazione delle diversità.

È stato Jacques Delors a suggerire la formula «Federazione di Stati nazione», per superare l'equivoco di una contrapposizione, ma certamente pensando alla disponibilità degli Stati membri ad autolimitare, in alcuni campi essenziali, i loro poteri sovrani concorrendo a rafforzare l'esercizio, al livello sovranazionale, di una sovranità condivisa.

Fin dall'inizio, i «padri fondatori» avevano sottolineato come il Consiglio – in quanto luogo di rappresentanza degli Stati nazionali – si ponesse «al punto d'incrocio di due sovranità, l'una nazionale, l'altra sovranazionale», con «il compito primordiale» non «di salvaguardare gli interessi nazionali degli Stati membri» ma «di promuovere gli interessi della Comunità». Quelle che ho citato sono parole di Konrad Adenauer pronunciate nel 1952, e nel rapporto tra Consiglio e Commissione Jean Monnet indicò un «equilibrio autenticamente federale». Molti anni dopo, nel 1974, nacque – succedendo agli informali incontri di vertice tra Capi di Stato e di Governo – il Consiglio europeo. Ancora una volta, Monnet fu tra i grandi tessitori di quella decisione, ritenendo che si dovesse «ritornare alle fonti del potere» per dar vita a un'autorità europea, che le istituzioni comunitarie esistenti fino a quel momento non potevano da sole garantire, e per aprire la strada, al di là dell'unione economica, a una «unione più completa e più profonda – federale o confederale, non saprei dire». Si decise così di far nascere il Consiglio europeo, e contemporaneamente si decise – fatto di evidente, grande significato – che fosse eletto direttamente, a suffragio universale, il Parlamento europeo.

Ho voluto ricordare quel lontano precedente, per mettere in evidenza come non si è mai smarrito, nel corso della costruzione europea, il senso del contributo che spetta agli Stati nazionali darvi nel quadro dei Trattati. E l'ho voluto ricordare per cogliere come l'idea del Consiglio europeo quale motore della costruzione comunitaria sia, a trent'anni di distanza, riemersa con la proposta di una presidenza stabile del Consiglio, che non si sovrapponga alla Commissione ledendone le prerogative e che si confronti con il Parlamento europeo nel pieno rispetto dei suoi accresciuti poteri legislativi e di controllo. Non si è dunque mai voluto nel passato un Super Stato europeo; e proprio il Trattato costituzionale, ora il *Reform Treaty*, più di qualsiasi precedente trattato hanno segnato limiti e distinzioni precise in materia di competenze dello Stato e dell'Unione, e mirato a garantire un effettivo ed efficace ruolo del Consiglio dei Capi di Stato e di Governo.

Oggi, e nel prossimo futuro, esso dovrà però esercitare davvero un ruolo di «organo motore».

Organo motore, innanzitutto, per la realizzazione di adeguate politiche comuni. È giusto dire che è di qui, nella fase attuale, che deve ripartire e trovare nuovo slancio l'Europa. Possiamo considerare chiuse le dispute di due anni sulla Costituzione, grazie al Consiglio del giugno scorso: chiuse, naturalmente, nella speranza, vorrei poter dire nella certezza, che il processo di ratifica del *Reform Treaty* nei 27 Stati membri non presenterà sorprese e colpi di coda, cui si sia costretti a reagire con più drastiche decisioni.

Concentriamo dunque la nostra attenzione sul rilancio necessario e possibile della capacità di proposta e di azione dell'Europa, e per esso dell'Unione. L'agenda è ormai delineata. Specie nell'ultimo anno, si è trovato l'accordo, nel Consiglio europeo e nella Commissione, nel precisare in quali direzioni – in risposta, cioè, a quali impellenti sfide – debbano formularsi o riformularsi, concretizzarsi, portarsi avanti delle politiche comuni, capaci di rafforzare la crescita e la coesione delle economie e delle società europee e di affermare il ruolo dell'Europa come attore globale in un mondo che si va sempre di più trasformando.

Mi limiterò qui a citare brevemente i campi in cui si è convenuto di produrre decisivi e visibili progressi.

In primo luogo, le risposte alla sfida della mondializzazione, come recita la comunicazione della Commissione in vista dell'incontro di ottobre dei Capi di Stato e di Governo. Si tratta da un lato di evitare che l'Europa si ponga sulla difensiva e perda posizioni, arretri gravemente per effetto del processo di globalizzazione. E si tratta dall'altro lato di riuscire a influenzare il corso di quel processo. Già il Consiglio europeo dello scorso marzo ha adottato significative indicazioni per rafforzare il mercato interno e la competitività dell'Europa, per rafforzare innovazione, ricerca e istruzione, per promuovere l'occupazione, modernizzare e rafforzare il modello sociale europeo. Si è ribadita in sostanza, con maggior vigore, la strategia di Lisbona, nel quadro della quale una funzione motrice dovrebbe esercitare l'Eurozona. E nella più recente comunicazione della Commissione, da me citata, si sono inoltre posti grandi problemi di carattere generale: assicurare la stabilità dei mercati finanziari sempre più mondializzati, contrastare gli ostacoli agli scambi e agli investimenti perseguendo l'apertura dei mercati nel mondo intero, costruire una regolamentazione comune per il funzionamento del mercato mondiale, promuovere l'occupazione, modernizzare e rafforzare il modello sociale europeo. Si è ribadita in sostanza, con maggior vigore, la strategia di Lisbona, nel quadro della quale una funzione motrice dovrebbe esercitare l'Eurozona.

Ma la maggiore novità del 2007, grazie all'impulso della presidenza tedesca, è stato senza dubbio il lancio di una fondamentale nuova politica comune: una politica climatica ed energetica integrata, vitale per l'Europa e di forte rilevanza sul piano mondiale. Questa è davvero una sfida cruciale, cui è impossibile dare una risposta in termini nazionali; rispetto a essa la strada di un orientamento e di un impegno comune al livello europeo è semplicemente obbligata. Egualmente obbligata appare una risposta comune europea alla sfida dei movimenti migratori. Già da lungo tempo sono state d'altronde individuate le principali componenti di una politica comune europea in questo campo: la lotta contro l'immigrazione illegale e il traffico di esseri umani, l'apertura e il governo di canali legali di ingresso e permanenza, la partnership con i paesi di origine e di transito dei flussi migratori.

E infine, la sfida che in qualche modo tutte le riassume e che ridisegna – rispetto all'esperienza dei cinquant'anni trascorsi – la missione cui è chiamata l'Europa, la possibile nuova stagione dell'integrazione europea. Parlo della sfida della sicurezza internazionale e di un nuovo e più giusto ordine mondiale. E la risposta ha un nome conosciuto già da tempo: una politica estera, di sicurezza e di difesa comune. Dei passi avanti non sono mancati, ma si è ancora lontanissimi dal livello di presenza e di credibilità indispensabile perché l'Europa sia attore riconosciuto e conti realmente in un mondo percorso da molteplici gravi tensioni e da grandiose trasformazioni negli equilibri tra le maggiori potenze e tra le diverse aree. Ce n'è forse oggi una maggiore consapevolezza, nel confronto quotidiano con situazioni di crisi, con focolai di guerra, con scelte problematiche e rischiose da compiere in seno alla comunità internazionale. E si è salvato, nel *Reform Treaty*, l'impegno a dar vita a una nuova figura di rappresentante della politica estera e di sicurezza dell'Unione, dotandolo anche dello strumento di un servizio «per l'azione esterna». Ma ci si muoverà decisamente in questo senso?

Pongo questo interrogativo non come manifestazione di scetticismo, ma come richiamo a una volontà politica comune che ancora difetta.

E allora, diciamolo chiaramente, è giusto concentrarci sulle politiche, sulle linee d'azione da portare avanti in risposta alle sfide che ho ricordato, ma si deve sapere che questo è ormai il banco di prova della capacità dell'Unione Europea, non di sopravvivere stancamente, ma di portarsi al livello delle sue responsabilità. Il banco di prova della capacità di usare effettivamente gli strumenti nuovi definiti prima nel Trattato costituzionale e ora nel *Reform Treaty*, il banco di prova della capacità di esprimere davvero una volontà politica comune. Il banco di prova, in definitiva, della capacità di sciogliere l'antico nodo di contrastanti visioni del progetto europeo, di evitare che il nostro cammino sia condizionato fatalmente da parte delle forze che resistono e premono in senso minimalistico e restrittivo dinanzi a ogni avanzamento della costruzione europea.

Il tempo disponibile per questa verifica e per l'eventuale ricorso ad altre strade non è molto. L'Europa non si rinnova e cresce come richiede la competizione globale: non possiamo sopravvalutare i risultati della strategia di Lisbona, minimizzarne i ritardi e nascondere gli ostacoli che ha incontrato e incontra. E pesa in effetti anche su risoluzioni adottate, su indirizzi ben definiti in ordine a problemi importanti, pesa sempre l'incognita dei contrasti che nei passaggi istituzionali tra Commissione, Parlamento e Consiglio possono prolungarne e bloccarne il cammino. Ho fatto prima un breve accenno al tema dell'immigrazione: ebbene, quanta parte del programma approvato nel Consiglio di Tampere del 1999, quante delle misure proposte, in particolare per definire standard comuni in materia di immigrazione legale, sono rimaste bloccate per lunghi anni perché richiedevano e non raggiunsero un consenso unanime nel Consiglio? E anche a questo proposito non è molto il tempo disponibile per far fronte con una politica comune a emergenze e tensioni che interessano tutti i paesi europei. Non rimane molto tempo per superare l'impaccio e il ritardo dell'Europa a fare la sua parte contro il terrorismo, per la sicurezza internazionale, guadagnando così credibilità e peso anche per sostenere le sue ragioni nel rapporto sempre essenziale con l'alleato americano.

Non rimane molto tempo per dimostrare la capacità dell'Europa di parlare con una sola voce nei fori internazionali, di sviluppare sue posizioni e iniziative rispetto alle più scottanti questioni sul tappeto, nel Mediterraneo, nel Medio Oriente, nel rapporto così teso con l'Iran (per non citare che alcuni esempi soltanto). Il rischio di una sostanziale irrilevanza dell'Europa nel contesto mondiale non possiamo negarlo. E questo mentre da tante parti ci si attende un apporto autonomo e costruttivo dell'Europa, anche nel contesto delle relazioni transatlantiche; mentre, come ha detto di recente in modo eloquente il Presidente Koehler, «il mondo si aspetta da noi europei più di quello che stiamo attualmente offrendo» per «modellare» la globalizzazione.

Predisponiamoci dunque alle prove di coerenza, alle verifiche di volontà politica, cui è legata – dopo il superamento dello stallo istituzionale – la possibilità di un rilancio dell'Europa, della sua crescita, della sua coesione, della sua assertività, del suo ruolo.

Predisponiamoci a verificare in concreto – mentre si procede nelle ratifiche del *Reform Treaty* – in quale misura permane e incide il contrasto tra diverse concezioni del progetto europeo e diversi livelli di ambizione per l'Europa. E domandiamoci quali strade si possano di conseguenza tentare, nell'ambito del Trattato siglato a Lisbona.

Anche un tema che nella sua complessità viene molto discusso e sembra chiedere risposte conclusive – il tema cioè delle frontiere dell'Europa (o meglio dell'Unione), in rapporto a nuovi possibili allargamenti non solo ai paesi dell'area balcanica ma alla Turchia – riconduce all'idea che si ha del processo di integrazione. Già nel negoziare con i 12 paesi candidati nei primi anni Duemila, si è commesso, a me pare, l'errore di non affrontare la questione di fondo: quella delle deleghe di sovranità verso le istituzioni dell'Unione, che sole possono dar corpo a un'esperienza diversa da quella di semplice cooperazione tra Stati sovrani alleati. Ma ancor più guardando al futuro l'esperienza ci dice che si può pensare a nuovi allargamenti solo se compatibili con l'idea di un'Europa fortemente integrata e governabile, di un'Europa non condannata alla diluizione e alla rinuncia a ogni ambizione di soggetto politico.

Una strada suggerita con crudo realismo, ancora di recente, da Jacques Delors è quella di circoscrivere gli obbiettivi che possono essere perseguiti dalla Grande Europa, e di procedere verso obbiettivi più ambiziosi attraverso una differenziazione, che veda l'iniziativa di un gruppo più ristretto di paesi, cui possano associarsi altri quando siano in condizione di partecipare a quella scelta di integrazione più avanzata. Sappiamo che ci sono stati dei precedenti in questo senso, dall'Accordo di Schengen alla fondamentale scelta della creazione dell'euro e della Banca Centrale Europea. Con il *Reform Treaty* si indica ora la possibilità di ricorrere più facilmente allo strumento delle cooperazioni rafforzate.

Si può discutere sulla fattibilità di tali forme di integrazione più avanzata e sul come esse possano effettivamente corrispondere alla necessità di accelerare il cammino dell'Unione Europea. Ma di certo non se ne può avere timore da parte dei nuovi Stati membri, verso i quali le porte resterebbero aperte come per tutti gli altri (e d'altronde più di uno tra essi è entrato o sta per entrare sia nell'Eurozona che nell'Accordo di Schengen). E tantomeno se ne può avere timore in generale: si tratterebbe di una differenziazione non nociva per l'unità del quadro istituzionale comune, oggi, ai 27. Ben più nocivo è il moltiplicarsi degli *opt-out* e delle deroghe su richiesta di singoli Stati membri: una pratica, questa sì, che conduce alla regressione e non all'avanzamento, all'erosione e non alla differenziazione, del processo di integrazione europea.

Quelle che sto così indicando sono opzioni già di fatto sul tappeto, indipendentemente da quel che si può ipotizzare per l'Europa e per l'Unione spingendo lo sguardo più lontano, fino al 2020 o 2030. Si può dedicare alla riflessione su questa prospettiva ulteriore un apposito Comitato di saggi, pensando a precedenti che hanno dato nel passato risultati positivi; ma oggi si deve tener conto dei contributi venuti dal dibattito apertosi proprio qui, in questa università, nel maggio del 2000, e dei confronti approfonditi compiutisi poi nella Convenzione. Non vorrei che ci si ripetesse troppo; non vorrei che rischiassimo un'overdose di riflessioni e un deficit di decisioni.

Abbiamo bisogno di decisioni che producano effetti tangibili per recuperare consenso nelle nostre opinioni pubbliche, quel consenso che si è attenuato, e non solo nei due paesi del no referendario alla ratifica del Trattato costituzionale. Si è verificata tra i cittadini – non trascuriamo questo dato fondamentale – una crisi di fiducia nei confronti del progetto europeo. Hanno concorso a determinarla il rallentamento della crescita, specie in alcune grandi economie nazionali, il timore di risultare tra i perdenti del processo di globalizzazione, la preoccupazione per gli effetti dell'allargamento dell'Unione, e in definitiva la percezione di un'impotenza e di un declino dell'Europa nel complessivo quadro mondiale.

È una crisi che può essere superata dando segni concreti e consistenti di rilancio e insieme sbarazzando il terreno da campagne mistificatorie e distruttive. Mi riferisco a campagne politiche e di opinione che hanno oscurato il bilancio eccezionalmente positivo di un intero cinquantennio, messo in ombra tutto un patrimonio di valori e di conquiste, accreditato l'idea di un'Europa che presentava più vincoli e costrizioni che benefici e opportunità, mentre spesso certi governi nazionali invocavano le direttive e gli obblighi europei come alibi per coprire loro errori e loro insufficienze. Occorre dunque un grande sforzo, politico e culturale, di comunicazione e di pedagogia europeista, che faccia tutt'uno con il potenziamento dei canali – anche sulla base delle previsioni del nuovo Trattato – di coinvolgimento, di consultazione, di partecipazione dei cittadini e della società civile. È lo sforzo da compiere per far crescere l'Europa come unione più aperta e democratica.

Ma da dove può venire in questa fase l'impulso per un'azione del genere, l'impulso per decisioni nuove, tempestive ed efficaci, la volontà politica, in sostanza, di cui c'è bisogno?

Il nostro sguardo – il nostro appello – non può che rivolgersi alle istituzioni comuni e agli Stati nazionali che hanno fatto da motore nei periodi di più fecondo sviluppo dell'integrazione europea.

In particolare, l'istituzione Commissione, che sta vivendo una difficile transizione, e l'istituzione Parlamento europeo, che ha guadagnato poteri e rappresentatività e che si sta mostrando, per aspetti essenziali, vigile e assertivo senza cadere nel velleitarismo. Esso ha anche saputo aprirsi nel modo giusto a un più intenso rapporto con i Parlamenti nazionali e più specificamente a una collaborazione con le loro rappresentanze – senza che venissero confusi i rispettivi ruoli – nel processo di elaborazione del Trattato costituzionale. È stata quella un'occasione e un'esperienza da cui forse i Parlamenti nazionali non hanno tratto, attraverso i loro rappresentanti, il pieno senso di una loro accresciuta funzione e corresponsabilità per l'avanzamento dell'unità e dell'integrazione europea.

Altiero Spinelli, nell'ultima sua stagione di infaticabile profeta e combattente dell'Europa, ha fortemente puntato sulla vocazione costituente del Parlamento europeo. Un mandato in quel senso non venne allora conquistato, ma dal Parlamento europeo, in più stretto legame con i Parlamenti nazionali e con la stessa grande platea dei cittadini-elettori, può venire un nuovo impulso al rilancio dell'Unione e alla costruzione di prospettive più avanzate per l'Europa unita.

In quanto agli Stati membri dell'Unione, alle nazioni e alle leadership politiche, non c'è bisogno di ricordare quale sia stato il ruolo storico dei paesi fondatori dell'Europa comunitaria, grandi e piccoli. A essi se ne sono aggiunti, attraverso i successivi allargamenti dell'Unione, altri egualmente mossi da un forte convincimento e impegno europeistico; e sono convinto che l'impulso oggi necessario, la volontà politica indispensabile possano venire anche dall'area degli Stati entrati nell'Unione in questi ultimi anni.

Desidero tuttavia mettere l'accento su quel che ci si aspetta e che può venire dalla Germania, dall'Italia, dalla Francia. Le sorti dell'Europa unita sono in gran parte nelle loro mani.

Della Germania e dell'Italia si può ben dire che esse hanno mostrato entrambe la più ferma e ininterrotta continuità con lo spirito delle origini, con il progetto dell'integrazione europea, con la visione di Adenauer e De Gasperi. Ne hanno dato prova in seno a tutte le istituzioni europee e attraverso le loro scelte come Stati nazionali. Non hanno mai provocato crisi nella vita della Comunità e dell'Unione, hanno sempre lavorato per il superamento delle crisi e delle difficoltà che sono insorte. Spetta alla Germania e all'Italia rinsaldare questa comunanza di ideali e di obbiettivi europei, al di là del succedersi e rinnovarsi delle leadership politiche: i nostri due paesi hanno una responsabilità particolare per aver sempre creduto nell'Europa come unione politica, come unione sempre più stretta tra i popoli europei. Su un impegno dell'Italia in questo senso, senza rassegnarsi ad alcun ripiegamento su approcci meno ambiziosi, si può sempre contare, come ho detto all'inizio; confido che esso si traduca anche in una più intensa capacità di proposta e di iniziativa.

Il percorso della Francia è stato più travagliato. Ma è del tutto giusto affermare, come ha fatto il Presidente Sarkozy, che la volontà di unire l'Europa, salvaguardando i valori della civiltà europea già messi a rischio da due guerre nel cuore dell'Europa, la coscienza di questa necessità e la visione della strada nuova da aprire, «furono *d'abord* francesi». Dal Presidente Sarkozy sono venuti in questi mesi accenti appassionati e riconoscimenti di grande valore: sul valore dell'«esperienza pratica di una sovranità condivisa» che ha caratterizzato da cinquant'anni l'Europa, sulla portata delle nuove sfide mondiali e sui limiti che di fronte a esse presenta la capacità d'azione degli Stati nazionali, sul nesso inscindibile «non c'è una Francia forte senza l'Europa, come non c'è un'Europa forte senza la Francia».

La riaffermazione della missione e dell'impegno europeo della Francia rappresenta – e lo dico senza voler ignorare o diplomatizzare le differenze che restano o siano da verificare – una delle maggiori ragioni di fiducia, in questo difficile momento, nell'avvenire dell'Europa unita.

Abbiamo nello stesso tempo sempre saputo quale contributo sia venuto alla costruzione europea dall'intesa franco-tedesca, che dagli anni di Robert Schuman e Konrad Adenauer è stata trasmessa, anche in termini di strette intese personali, nel vivo di vicende di fondamentale importanza, tra Capi di Stato e di Governo dei due paesi. E come tacere di due grandi Presidenti, entrambi per un decennio, della Commissione Europea, Walter Hallstein e Jacques Delors!

Peraltro, è ormai comune opinione che quell'intesa rimanga uno dei perni principali del processo d'integrazione europea, ma non sia da sola sufficiente a produrre l'impulso necessario a colmare – nell'Unione oggi così larga – vuoti di volontà politica che perdurassero e pesassero gravemente, o debolezze del tessuto e del metodo comunitario.

Costruire e attuare le decisioni e le politiche cui è legato il futuro dell'Europa non può essere l'opera di alcun direttorio, a due o a tre e comunque composto o assortito. La più forte volontà politica europea di cui c'è bisogno può essere suscitata da un nuovo impulso delle nazioni e delle leadership più risolute, ma deve scaturire da sinergie ben più ampie e calarsi nel modo di operare, nell'orientamento e nell'azione delle istituzioni comuni che presiedono al processo d'integrazione.

Come disse parecchi anni orsono un grande protagonista dell'avventura europea, quando già vide profilarsi l'alternativa tra il lasciare ad altri di decidere le sorti del nostro continente, o di unire le nostre forze per far pesare l'Europa sul divenire del mondo, «siamo in una fase in cui il destino esita ancora». Non possiamo attendere pigramente, prigionieri delle nostre dispute e delle nostre incertezze, che il destino volga a sfavore dell'Europa.

L'Europa in un mondo globalizzato

Caro professor Howard, innanzitutto mi consenta di ringraziarla per la gentile presentazione e mi consenta di ringraziare l'International Institute for Strategic Studies per l'invito rivoltomi, in qualità di Presidente della Repubblica italiana, a unirmi all'ormai lunga lista di statisti, a cominciare dal mio amico Henry Kissinger, cui è stato chiesto di tenere una conferenza Alastair Buchan.

Ebbene, nel pensare a un titolo possibile per il mio intervento, sir Michael, mi sono reso conto che la notevole conferenza da Lei tenuta lo scorso anno – «Siamo "in guerra"?» – si chiudeva con un punto interrogativo e, a quel punto, mi sono ricordato che il titolo della mia ultima conferenza in Gran Bretagna, tenuta presso la London School of Economics nell'ottobre 2006, terminava anch'esso con un punto interrogativo. Il titolo era: «Esiste un futuro per l'integrazione europea?». Ciò mi ha spinto nuovamente a ricorrere a un titolo che si chiude con un punto interrogativo. Dopo tutto, quando si riflette sull'attuale condizione del mondo, la nostra mente è piena di domande rimaste senza risposta. Per cui ho elaborato un titolo e una domanda che sono oggi al primo posto nella mia mente e che probabilmente lo sono anche nella vostra: «L'Europa sarà all'altezza delle proprie responsabilità in un mondo globalizzato?».

«Will Europe live up to its responsibilities in a globalized world?»: conferenza allo International Institute for Strategic Studies (IISS), Londra, 19 maggio 2009.

A quel punto mi sono ricordato delle parole pronunciate molto tempo fa da un uomo che si può affermare essere stato il più importante statista europeo del secolo scorso: Winston Churchill. Vorrei richiamarle alla memoria di coloro che sono troppo giovani per ricordarle. Parlando all'Albert Hall il 14 maggio del 1947, in uno dei discorsi memorabili che hanno contribuito a gettare le basi di un'Europa unita dopo gli orrori della Seconda guerra mondiale, disse: «Speriamo di giungere nuovamente a un'Europa in cui gli uomini siano orgogliosi di affermare "sono europeo", così come una volta erano soliti dire "*civis romanus sum*"».

E mi chiedo: riusciremo a essere orgogliosi di essere europei così come lui sognava? È vero, siamo riusciti a creare in maniera pacifica un'Unione Europea democratica che in pratica copre il nostro intero continente ma, al contempo, la scena politica ed economica sulla quale ci muoviamo si è ampliata al punto da comprendere tutto il mondo. Il nostro è un mondo in cui il centro di gravità delle relazioni politiche ed economiche si è venuto spostando dall'Europa. Il peso demografico ed economico relativo del nostro continente si sta indubbiamente riducendo. Dovremmo forse trarne la conclusione che il ruolo dell'Europa nel mondo è destinato a divenire marginale?

No, se pensiamo a quel che rappresenta il suo bagaglio di esperienze storiche, di prove creative sul piano politico e culturale, in termini di ricerca scientifica, di capitale umano e di solidarietà sociale. È un bagaglio in forza del quale l'Europa può dare un decisivo contributo a quel processo di ripensamento e di ridefinizione dello sviluppo e dell'ordine mondiale, che la crisi attuale, nella sua profondità e problematicità, indubbiamente sollecita.

No. Il ruolo dell'Europa non è fatalmente destinato a divenire marginale se sapremo «essere all'altezza delle nostre responsabilità in un mondo globalizzato». Questo non è il mondo che si era immaginato in chiavi opposte all'indomani delle rivoluzioni del 1989 nell'Europa centrale e orientale che – a partire dalla caduta del Muro di Berlino e, ancor prima, dal crollo del regime comunista in Polonia – segnarono un fondamentale spartiacque storico.

Ci fu chi immaginò un mondo nel quale allo scontro tra ideologie in conflitto stesse per succedere uno «scontro tra civiltà». Ci fu chi immaginò un mondo nel quale stesse per compiersi l'avvento, ormai senza alternative, del modello di democrazia liberale e con esso «la fine della Storia». Ci fu chi immaginò più semplicemente un «mondo fuori controllo» per effetto della caduta, insieme con l'impero sovietico, dell'ordine bipolare presidiato dalle due superpotenze. Il mondo globale quale si è venuto delineando specie nel corso dell'ultimo decennio non coincide con nessuna di quelle previsioni: ma ne rispecchia in parte le tendenze, i rischi, le incognite.

Assicurare un movimento reale e costante verso una comunità mondiale di democrazie pacifiche, in amicizia tra loro, non è compito facile. Né è facile per l'Europa svolgere un ruolo guida in un movimento di questo tipo. Le nostre non sono scelte semplici: basta considerare alcuni dei dilemmi dinanzi a cui ci siamo trovati in questi anni e ancora ci troveremo. Nel ripensare all'anno trascorso mi sono reso conto che, nel corso della storia del mondo, raramente ci sono stati dodici mesi così pieni di eventi fatali e di così tante e difficili sfide, ma anche, forse, pieni di così tante opportunità per tutti i paesi.

Innanzitutto, stiamo vivendo quella che è probabilmente la peggiore crisi economica e finanziaria dal 1929, una crisi che colpisce tutti i continenti e pone una sfida a tutti i governi e le istituzioni internazionali (per non parlare dei pericoli di un fuorviante protezionismo, di instabilità politica e forse anche di conflitti). In secondo luogo, si è verificata in Georgia una guerra che avrebbe potuto avere conseguenze disastrose per la pace nel nostro continente. Al di là delle responsabilità per lo scoppio di quella crisi, la successiva invasione e occupazione dei territori georgiani da parte delle forze armate russe è stata ampiamente condannata. Le iniziative assunte da parte dell'Unione Europea, all'epoca sotto la vigorosa guida del Presidente francese Sarkozy, sono state immediate ed efficaci, portando al ritiro delle forze russe dalla Georgia, se non da quelle regioni che avevano richiesto l'indipendenza.

Tuttavia, ne è seguita una grave crisi nelle relazioni politiche tra il governo russo e le istituzioni europee e atlantiche. Si è perfino parlato di una «nuova Guerra Fredda». Peraltro, si è gradualmente evitato questo pericolo e le relazioni con Mosca sono lentamente divenute più amichevoli. Tuttavia, la decisione dell'amministrazione Bush, con l'appoggio dei governi polacco e ceco, di creare delle basi per la difesa missilistica in questi due paesi al fine di contrastare il crescente potenziale nucleare dell'Iran e le avventate minacce da parte della Russia di rispondere a queste iniziative con pericolose contromisure militari, hanno contribuito all'emergere di nuove tensioni in quelli che una volta erano noti come «rapporti Est-Ovest». Ma un terzo importante evento, verificatosi negli ultimi dodici mesi, è stato senza dubbio il nuovo corso politico degli Stati Uniti. Oggi siamo tutti ben consapevoli del fatto che le elezioni presidenziali americane e le risolute e innovative iniziative in politica estera assunte dall'amministrazione Obama sembrano aprire nuove prospettive. La missione in Europa del Presidente Obama, che ha riscosso successo e ampio plauso, e il suo incontro con il Presidente Medvedev hanno portato le due "superpotenze" nucleari (ritengo che questa definizione sia ancora giusta) a concordare l'avvio di negoziati per «un nuovo trattato con la Russia per la riduzione delle armi strategiche» (cito dal discorso del Presidente americano del 5 aprile a Praga) con l'obbiettivo di concludere «un nuovo accordo entro la fine di quest'anno che sia giuridicamente vincolante». Circa l'impegno dell'America rispetto ai sistemi di difesa missilistica, il Presidente Obama ha affermato, come sicuramente ricorderete, che «fintanto che continuerà a persistere la minaccia da parte dell'Iran» l'America intende «procedere con un sistema di difesa missilistica che sia efficace in termini di costi e sicuro». Allo stesso tempo questo verrà fatto, come chiarito dal Vice Presidente Biden nel discorso tenuto a Monaco il 7 febbraio, in consultazione con «voi, alleati NATO, e con la Russia».

Questi nuovi sviluppi nei rapporti dell'Europa e dell'America con la Russia sono accolti con favore e sono stati interpretati come l'inizio di una nuova fase di negoziati strategici, e non solo nel campo degli armamenti; sebbene possano riapparire alcune tensioni che è necessario tenere sotto controllo. Ho affermato prima che gli sviluppi internazionali hanno presentato non solo nuove sfide e minacce ma nuove opportunità che certamente riguardano anche l'Unione Europea.

Tuttavia, e cito nuovamente un passaggio dalla conferenza di sir Michael Howard, gli eventi dell'11 settembre e i successivi attacchi terroristici in Europa e altrove dimostrano che «la società globale è vulnerabile, non mancando coloro che sono pronti a sovvertirla o a passare al terrorismo. Questa minaccia accompagna lo sviluppo della nostra società globale come ombra ineludibile». Tale situazione ha nuovamente messo in luce il problema e la possibilità del disarmo nucleare. Come affermato dal Presidente Obama nel suo discorso di Praga, dalla fine della Guerra Fredda «la minaccia della guerra nucleare globale si è ridotta ma è aumentato il rischio di un attacco nucleare». Questa affermazione lo ha portato a proclamare «l'impegno dell'America a cercare la pace e la sicurezza in un mondo senza armi nucleari». Un nobile obbiettivo, certamente, e tuttavia egli ha subito dopo aggiunto: «questo obbiettivo non sarà raggiunto rapidamente – forse neanche nel corso della mia vita».

Siamo tutti consapevoli del fatto che la deterrenza svolge ancora un ruolo fondamentale nel prevenire le guerre nucleari. Siamo anche consapevoli del fatto che la diffusione delle armi nucleari e la possibilità che alcune di esse cadano nelle mani di organizzazioni terroristiche riducono l'efficacia della deterrenza basata sulla *Mutual Assured Destruction*, la distruzione reciproca e garantita, e conferiscono nuova importanza e valore alla difesa antimissilistica. L'equilibrio tra quegli obbiettivi in parte contrastanti dovrà essere accuratamente esaminato al fine di prevenire la proliferazione nucleare e gli attacchi nucleari, nella speranza che tutte le principali potenze raggiungano un accordo.

Quelli da me sopra citati sono alcuni dei più recenti sviluppi nel quadro complessivo dei problemi cui fare fronte per garantire la sicurezza e la stabilità internazionale, come parte essenziale di un efficace governo del mondo globale. Non occorre enumerare tutte le sfide e le minacce emerse nell'ultimo decennio, e soprattutto dall'11 settembre, per interrogarci su quale parte l'Europa sia destinata a fare. Dobbiamo discuterne schiettamente, con spirito critico, perché dobbiamo portarci all'altezza delle nostre responsabilità in vari campi, e specificamente e concretamente in quello della sicurezza.

L'Europa – per essere più precisi, l'Unione Europea – ha fatto non poco in questi anni perché si giungesse alla definizione di un nuovo concetto di sicurezza. Lo ha fatto anche attraverso una discussione non semplice con il nostro partner fondamentale, gli Stati Uniti. In questo momento possiamo dire che appare sostanzialmente condiviso in Europa e sulle due sponde dell'Atlantico un più ampio, inclusivo, multidimensionale concetto di sicurezza. In proposito, definizioni ormai del tutto coincidenti si trovano nei documenti più recenti, dopo che un importante contributo venne già nel 2003 dall'Unione con la Strategia Europea di Sicurezza. Si vedano l'impegnativa dichiarazione comune sulla politica di sicurezza e difesa sottoscritta all'inizio di febbraio dal Cancelliere Merkel e dal Presidente Sarkozy, o il discorso pronunciato a Parigi all'inizio di marzo dal Segretario Generale della NATO. Quest'ultimo, dopo aver rilevato come tenda a scomparire il *clivage* tra la nozione di difesa e la nozione di sicurezza, ha prospettato temi come quelli della *cyber-defence*, della sicurezza energetica, del cambiamento climatico (e nel documento franco-tedesco vi si aggiunge quello delle migrazioni).

È dunque ovvio che un simile concetto di sicurezza implichi approcci flessibili e comprensivi rispetto al presente, complesso contesto globale così come a specifiche aree di crisi. Tali approcci possono, in varia misura, comprendere il ricorso a mezzi militari o civili, a iniziative politico-diplomatiche o a misure di promozione dello sviluppo economico e sociale (essenziali queste ultime, insieme al sostegno alla costruzione delle istituzioni, al fine di creare le condizioni necessarie di crescita della democrazia e di affermazione dei diritti).

Vorrei però dire chiaramente che l'ampliamento e arricchimento del concetto di sicurezza, sebbene necessario, non è una buona ragione per sfuggire a una valutazione degli aspetti militari e a un impegno congiunto di difesa collettiva. Non vi può sfuggire l'Unione Europea.

Nei suoi rapporti con gli Stati Uniti l'Europa risente ancora del sospetto di voler lasciare la responsabilità e gli oneri della propria difesa e della sicurezza sulle spalle dell'alleato americano. Dobbiamo essere ben certi che non persista nell'Unione Europea e/o nei suoi singoli Stati membri una sostanziale sottovalutazione delle responsabilità che essi hanno congiuntamente per la tutela dei loro interessi di sicurezza individuali e di quelli dell'Unione nel suo complesso.

La consapevolezza di tali responsabilità ha avuto espressione chiara e rilevante nella partecipazione europea, con mezzi militari oltre che civili, a missioni di mantenimento della pace e di stabilizzazione in aree di crisi sotto la responsabilità delle Nazioni Unite, della NATO, della stessa Unione Europea. Si tratta di uno sviluppo nuovo, il cui significato e la cui rilevanza desidero sottolineare: come componente della risposta della comunità internazionale alla nuova sfida rappresentata dall'insorgenza del terrorismo internazionale. Non occorre che io dia delle cifre: cito solo gli 8.500 soldati italiani attualmente impegnati in molteplici missioni, soprattutto nei Balcani, in Libano e in Afghanistan.

Sono però un fatto innegabile anche la difficoltà e la lentezza con cui si è proceduto nel corso dell'ultimo decennio a dotare l'Unione Europea degli strumenti necessari perché essa potesse fare la sua parte a tutela della sicurezza comune. Il Rapporto von Wogau, presentato a una sessione plenaria del Parlamento europeo e approvato nel febbraio scorso, non ha nascosto motivi di seria insoddisfazione per i progressi compiuti dal 2003 (data di definizione della Strategia Europea in materia di Sicurezza) fino ad oggi nel campo della cooperazione europea in materia di difesa. Il rapporto attribuisce tale insoddisfacente progresso alla cruda constatazione che gli Stati membri «concepiscono ancora troppo spesso i loro interessi in un'ottica puramente nazionale».

Tale limite di visione ha indebolito anche il passo importante che fu fatto dal Consiglio europeo con la decisione, già nel 2000, di istituire il Comitato Politico e di Sicurezza e un Comitato Militare dell'Unione Europea incaricati di ampie responsabilità (responsabilità cui essi, nonostante i problemi che si trovano ad affrontare, continuano a cercare di ottemperare).

Un altro limite che certamente pesa sull'impegno dell'Unione nel campo della difesa e della sicurezza è quello delle risorse disponibili. Da ciò possono venire dubbi anche sulla probabilità di raggiungere tutti gli obbiettivi riccamente e precisamente fissati nella Dichiarazione per il Rafforzamento delle Capacità dell'Unione Europea presentata al Consiglio nel dicembre 2008.

Il punto è che nelle condizioni difficili in cui versano – ancor più dinanzi alla crisi finanziaria ed economica globale – i bilanci pubblici degli Stati membri, la via da battere è quella di un deciso elevamento della produttività della spesa europea per la difesa, ancora di gran lunga inferiore rispetto a quella prevista nel bilancio USA per la difesa e che, soprattutto, sconta uno scarso livello di efficacia e coordinamento. Si impone una razionalizzazione, anche nel senso del superamento di una costosa e improduttiva duplicazione di strutture. Ogni Stato membro dell'Unione Europea ha la propria organizzazione di difesa nazionale. La spesa per la ricerca, la tecnologia e gli acquisti è tutt'altro che specializzata, dal momento che, per ragioni politiche, ciascun paese vuole mantenere una struttura di difesa completa, il che porta a una ridondanza degli *assets* militari di base, a una mancanza di moltiplicatori delle forze e, in generale, alla mancanza di *capabilities* di alto livello.

Si tratta di superare contraddizioni e debolezze di tale natura ed egualmente di potenziare uno strumento cruciale come l'Agenzia Europea di Difesa, avendo di mira anche la crescita di un'industria europea della difesa.

Si ripropone in effetti, da tutti i punti di vista, la necessità di un deciso superamento di tradizionali impostazioni e gestioni nazionali dei problemi e delle politiche pubbliche, a favore di indirizzi e assetti comuni al livello europeo.

È questa la via per un'efficace partnership tra l'Unione Europea e la NATO, anche al fine della piena valorizzazione delle opportunità consentite dai cosiddetti "Accordi Berlin-Plus" del 2003 di accesso dell'Unione «ai mezzi e agli *assets* collettivi della NATO per le operazioni a guida UE».

Le remore verso forme di più razionale e produttiva integrazione nella fase che attraversa attualmente l'Unione Europea non possono più giustificarsi in nome di pregiudiziali e diffidenze di principio, "ideologiche", e debbono cadere, non in omaggio a opposte dottrine e costruzioni teoriche, ma in risposta a fatti obbiettivi, a evoluzioni irresistibili del quadro mondiale, a nuove sfide alla crescita e alla sicurezza della società europea che i singoli Stati membri dell'Unione non sono, nel modo più evidente, in grado di fronteggiare. È solo attraverso l'Unione e le sue istituzioni (da rinnovare e rafforzare sulla base almeno del Trattato di Lisbona) che l'Europa «può portarsi all'altezza delle sue responsabilità».

Mi riferisco alle responsabilità da assolvere in seno alla sempre fondamentale partnership euroatlantica, e in primo luogo al contributo da dare all'attuazione degli orientamenti scaturiti dall'incontro dei Capi di Stato e di Governo tenutosi a Strasburgo e Kehl e della Dichiarazione sulla sicurezza dell'Alleanza che l'ha concluso. Si tratterà in particolare di contribuire all'elaborazione – a dieci anni di distanza dal documento di Washington – di un nuovo *Strategic Concept*, «per meglio fronteggiare le minacce di oggi e anticipare i rischi di domani».

Tra tali minacce e rischi si collocano certamente non solo quelli che vengono da uno stato di conflittualità diffusa su cui fa leva la sfida del terrorismo transnazionale, ma anche quelli che concretamente vengono oggi da tre cruciali aree di crisi: la regione Afghanistan-Pakistan, il Medio Oriente allargato e il Corno d'Africa (si pensi alla Somalia come base di una nuova forma di pericolosa pirateria).

In particolare, il quadro offerto dagli sviluppi in Afghanistan è lungi dall'essere incoraggiante. Questa è la prima area in cui la comunità internazionale deve compiere il suo sforzo principale per contrastare la minaccia globale posta dal fanatismo e dall'oscurantismo. Un fallimento nei nostri sforzi di stabilizzare l'Afghanistan e promuovere lo sviluppo delle sue istituzioni e della società civile avrebbe conseguenze molto gravi nell'intera regione. Pertanto, sono fermamente convinto che una partecipazione europea più attiva nelle operazioni di mantenimento e ristabilimento della pace in Afghanistan, come energicamente suggerito dall'amministrazione americana, dovrebbe essere seriamente presa in considerazione, innanzitutto nel nostro interesse, tenendo presente la minaccia del terrorismo islamico fondamentalista contro l'Europa. Prendo molto seriamente il monito del Presidente Obama secondo il quale l'Europa potrebbe trovarsi sotto una minaccia di terrorismo più grave rispetto a quella che incombe sugli stessi Stati Uniti.

L'Afghanistan può sembrare molto distante da noi, ma le distanze contano ben poco nel mondo odierno. È un'illusione pericolosa credere che il futuro dell'Afghanistan non riguardi il futuro della pace nel mondo.

Lo stesso può dirsi della crisi ancora aperta in Medio Oriente.

Dopo continui attacchi missilistici dalla Striscia di Gaza contro le città israeliane, la guerra che ne è seguita è costata un prezzo altissimo in termini di vite umane e di distruzione. Continuano a permanere profonde differenze in seno alla comunità palestinese tra coloro che sono a favore della continuazione di negoziati mirati a pervenire a una soluzione che prevede due Stati, che è indubbiamente l'unica opzione praticabile, e coloro i quali, almeno formalmente, sono contrari a continuare.

D'altra parte, i miei recenti contatti con i leader della regione hanno lasciato qualche spazio alla speranza: i negoziati tra le due parti palestinesi continuano e, apparentemente, mostrano qualche progresso.

Da parte israeliana, le elezioni hanno portato alla formazione di un governo che finora sembra non accettare alcuni degli accordi parziali conclusi nei negoziati bilaterali precedenti. Un ruolo europeo più attivo su tutte le questioni riguardanti il processo di pace (economiche, oltre che politiche e anche potenzialmente militari) verrebbe certamente visto molto favorevolmente nella regione, e non solo dai palestinesi.

Più in generale, all'Europa toccherà dimostrarsi, nel prossimo futuro, capace di contribuire in modo significativo agli sviluppi che come ho detto in precedenza si stanno rendendo possibili nel sistema delle relazioni internazionali anche grazie alle nuove iniziative dell'amministrazione americana. Ho già citato gli auspicabili e necessari sviluppi nei rapporti con la Federazione russa e in un rinnovato ciclo di negoziati sul disarmo, in particolare quello nucleare.

E quando dico «l'Europa dovrà dimostrare», intendo la concreta realtà dell'Unione Europea che ha già sue politiche «esterne», come quella con la Russia, come quella del partenariato orientale o – su un altro versante – quella del partenariato euromediterraneo. E mi riferisco a un'Europa che può ancor più assumere un suo profilo e un suo ruolo nell'evoluzione complessiva delle relazioni internazionali.

L'Europa – vorrei toccare quest'ultimo punto – deve mostrarsi capace di contribuire in modo significativo anche alle soluzioni da dare ai problemi di fondo che la crisi finanziaria ed economica globale in atto dallo scorso anno ha posto e pone. E queste soluzioni vanno cercate e definite in un vasto ambito di concertazione che negli ultimi tempi ha assunto dimensioni crescenti, fino a quelle del G20. È lì che ci si deve incontrare con nuovi grandi paesi emergenti, come l'India e la Cina, e con i rappresentanti di altre non ignorabili realtà di diversi continenti.

Si prospetta talvolta vagamente la necessità di una nuova Bretton Woods: ma va detto che il mondo è radicalmente cambiato rispetto agli anni della complessa gestazione e infine della definizione degli accordi di Bretton Woods. I grandi protagonisti di quell'impresa furono in sostanza gli Stati Uniti e la Gran Bretagna, quest'ultima rappresentata da un grande studioso, scrittore e servitore pubblico inglese, figura di straordinario valore culturale e tecnico, John Maynard Keynes, che pure dové rinunciare ad alcune sue idee e rivendicazioni fondamentali. Ricordiamo quel che egli disse, alla Conferenza di Bretton Woods, sul lavoro compiuto, con parole che davano il segno della sua sapienza: «Abbiamo, inoltre, operato in un campo di grande difficoltà intellettuale e tecnica. Abbiamo dovuto allo stesso tempo svolgere i compiti che attengono all'economista, al finanziere, al politico, al giornalista, al propagandista, all'avvocato, allo statista e, perfino, penso, al profeta e al vaticinatore».

«Abbiamo dimostrato che un gruppo di 44 nazioni è in realtà in grado di collaborare per un compito costruttivo in amicizia e armonia completa. Pochi lo credevano possibile. Se sapremo continuare in imprese più ampie come abbiamo cominciato in questa più limitata, c'è speranza per il mondo».

Si può oggi nella comunità internazionale ripetere quell'impresa, riaccendere quella speranza? C'è davvero da invocare nuovamente, come fece Keynes, «uno spirito di saggezza, pazienza e severo riserbo». Ci si deve provare con un numero molto più grande di effettivi protagonisti, più che di semplici partecipanti. E al tavolo ci sarà non più, per l'Europa, solo l'imbattuta e vittoriosa Gran Bretagna, con alle spalle la sua grande tradizione nazionale e imperiale; ma l'unico soggetto che potrà davvero aver peso: l'Europa unita, attraverso le istituzioni dell'Unione. E potrà veder riconosciuto il suo ruolo solo se uscirà da logiche e vincoli strettamente nazionali, da cui è stata ancora condizionata nel decidere con quali strumenti intervenire dinanzi alla crisi finanziaria mondiale.

Tutto quel che ho detto, il filo del discorso che ho svolto nella sede di questo istituto, luogo di così grande esperienza e competenza, mi porta a rispondere alla domanda iniziale affermativamente ma a una condizione, come ho d'altronde via via rilevato. Sì, l'Europa sarà all'altezza delle sue responsabilità in un mondo globalizzato, ma a condizione che si riconosca nell'Unione scaturita dalla Comunità ideata quasi sessant'anni orsono. A condizione cioè che ci diamo più forti istituzioni comuni, più forti politiche comuni e maggiori risorse di bilancio comuni. So bene che questa conclusione può contraddire la storica riluttanza della Gran Bretagna ad accettare fino in fondo una prospettiva di integrazione e di unità politica europea. Possiamo allora ricordare le parole che un grande inglese, un grande europeo pronunciò nel suo discorso all'Albert Hall il 14 maggio 1947?

Cito: «È necessario che qualsiasi politica che quest'isola possa adottare nei confronti dell'Europa e in Europa goda della piena simpatia e dell'approvazione dei popoli dei paesi del Commonwealth. Ma perché dovremmo ipotizzare che essi non saranno con noi in questa causa? Sentono con noi che la Gran Bretagna è geograficamente e storicamente parte dell'Europa e che anche loro hanno il loro patrimonio storico in Europa. Se l'Europa unita deve essere una forza vivente, la Gran Bretagna dovrà fare pienamente la sua parte come membro della famiglia europea».

Confido nel fatto che il vecchio messaggio di Winston Churchill, che suona ancora così ispirato e lungimirante, possa essere accolto e interamente condiviso dalla nazione da lui condotta negli anni in cui, sotto la sua guida, la Gran Bretagna difese con successo se stessa e l'Europa, salvando la nostra libertà e la nostra civiltà, cose che non dimenticheremo mai.

Ai Capi di Stato e di Governo

Signori Presidenti, signori Primi Ministri, signore e signori partecipanti alle iniziative del G8, porgo a voi tutti il più cordiale saluto della nazione che rappresento nella sua unità, come vuole la nostra Costituzione.

Il senso dell'ospitalità e lo spirito di amicizia che circondano questi incontri sono espressione del sentimento comune degli italiani, a nome dei quali desidero ringraziarvi ancora per il gesto che avete voluto compiere accettando la proposta del Presidente Berlusconi di tenere il G8 qui a L'Aquila: un gesto di grande sensibilità e solidarietà verso le popolazioni colpite dal terremoto in una città e in una regione a noi molto care.

E il vivo interesse con cui gli italiani guardano, senza provincialismi, con larghezza di vedute, a questa straordinaria assise internazionale, riflette la storia del nostro popolo, che nel corso dei secoli si è più di altri mescolato col resto del mondo, si è caratterizzato per il cosmopolitismo dei suoi intellettuali, artisti, scienziati, e ha lasciato attraverso molti milioni di emigranti tracce durature in tanti paesi dell'Europa e delle Americhe. Noi sentiamo che oggi siamo chiamati a fronteggiare insieme un momento di gravi difficoltà per le nostre economie e le nostre società e a cogliere una decisiva occasione di cambiamento nella visione e nel governo del mondo.

Il mese scorso, dinanzi ai Capi di Stato e di Governo degli Stati Uniti, della Francia, della Gran Bretagna e del Canada, si è solennemente celebrato il 65° anniversario

Indirizzo di saluto ai Capi di Stato e di Governo del G8 e del G20 riuniti a L'Aquila, 9 luglio 2009.

dello storico sbarco delle forze alleate in Normandia: un'operazione che aprì la via alla vittoria finale sul nazifascismo. Quella che in breve tempo si sarebbe quindi conclusa era stata una guerra che non aveva conosciuto confini, che aveva abbracciato tutti i continenti. Gli spiriti più lungimiranti ne trassero già allora la visione di un mondo che era divenuto uno solo, la necessità di pensare il futuro in termini mondiali.

Ma lo scenario cambiò ben presto con l'avvento della Guerra fredda, con la divisione del mondo in blocchi contrapposti: si sfidarono l'Est e l'Ovest, e accanto a essi prese una sua fisionomia il Terzo Mondo. Avrebbero dovuto passare dei decenni perché si riconoscesse da tutte le parti la crescente interdipendenza che ormai legava le più diverse realtà in un mondo che appariva di nuovo «uno solo». Lo si sarebbe infine chiamato un mondo «globale». La crisi finanziaria ed economica che da un anno stiamo vivendo costituisce la prova inconfutabile che è con un mondo globale che dobbiamo fare i conti, che è un mondo globale quello che si deve governare. Nessun paese e nessun continente può fare da solo. Nessun direttorio di sette o di otto potenze economiche e Stati può assicurare lo sviluppo mondiale, la salvezza e il futuro del mondo. Sono entrati in scena nuovi grandi protagonisti e il loro ruolo va pienamente riconosciuto; e si deve dar voce ai paesi che sono rimasti più indietro sulla via dello sviluppo, ai popoli più sfortunati di cui tanta parte vive penosamente nella povertà e nella fame.

Prendiamo allora ispirazione dalle intuizioni e dalle scelte più lungimiranti che emersero alla vigilia o all'indomani della conclusione della Seconda guerra mondiale, quando nacquero l'Organizzazione delle Nazioni Unite e ancor prima le istituzioni di Bretton Woods. Da allora molto si è costruito, ma non poco, purtroppo, si è negli ultimi tempi venuto perdendo; come ci dice la crisi attuale, si sono smarrite regole di comportamento, si sono oscurate grandi responsabilità comuni, sono cresciuti elementi di disordine e di ingiustizia che hanno finito per esplodere provocando danni pesanti alle economie e alle popolazioni nelle loro parti più deboli.

C'è dunque da porre riparo alla crisi attuale, da rimuoverne le cause e da evitare che possa ripetersi; tra l'altro, adottando un complesso di più esigenti regole e standard internazionali per la conduzione delle attività finanziarie ed economiche. E ciò è importante anche in rapporto all'obbiettivo supremo del consolidamento della pace globale. Peraltro, la ripresa e lo sviluppo delle nostre economie implicano una risposta anche a nuove e sempre più pressanti sfide, a cominciare dalla salvaguardia dell'ambiente di fronte ai rischi del cambiamento climatico. La strada maestra è quella non solo di intese immediate e parziali, ma della riforma e del rafforzamento delle istituzioni internazionali, e del sostegno ai processi di integrazione e cooperazione su scala continentale e regionale. È in questo spazio che l'Europa unita potrà svolgere il suo nuovo ruolo, nel quale fortemente crediamo.

Un grande protagonista della Conferenza di Bretton Woods, John Maynard Keynes, disse – in occasione della sessione finale – parole di omaggio al risultato raggiunto grazie al concorso di 44 nazioni che avevano lavorato insieme in unità e persistente concordia, e concluse: «Se sapremo continuare in imprese più ampie come abbiamo cominciato in questa più limitata, c'è speranza per il mondo». Signore e signori, ecco la speranza che bisogna far rivivere e che già guida, ne sono certo, i vostri incontri di questi giorni.

La posta in giuoco è molto alta, la prova è molto ardua. Ma nella riconciliazione tra le civiltà che si sono incontrate e scontrate nella storia, nella cooperazione tra le civiltà che voi rappresentate in tutta la loro ricchezza e diversità, possono trovarsi le risorse necessarie per assicurare il futuro della convivenza umana, la pace e la giustizia tra le nazioni. Questo è il messaggio di augurio e di fiducia che vi rivolgo a nome dell'Italia.

Finito di stampare nel novembre 2009
dalla litosei, via rossini 10, rastignano, bologna
www.litosei.com